たった1分
美肌フェイスニング

シミ、たるみが消える。ハリとツヤに大効果！

犬童文子

青春出版社

はじめに……ハリもツヤも思いのまま！　今すぐフェイスニングを始めよう

シミ、シワ、たるみ…気になる肌の悩みはいろいろあるけれど、「お金がない」「時間がない」「もう歳《とし》だし…」とあきらめてはいませんか？

エステや高い化粧品に頼らなくても、そして何歳からでも、ハリやツヤのある肌、くすみのない透明感のある肌、そして小さくキリッとした顔だちを手に入れることはできるのです！

フェイスニングは、簡単に言えば、顔の筋肉を意識的に動かして鍛えるエクササイズです。ですから、時間も場所もとりません。もちろんお金もかかりません。いつでもどこでも、好きなときにできるのです（人前ではあまりできないかもしれませんが！）。

「エクササイズ、面倒くさ～い」と思われた方。

大丈夫です。まずは、たった1分。だまされたと思って、ひとつのフェイスニングだけでもやってみてください。一つひとつの動きは、1分もかからないようなものばかりです。

どんなに服に気を使っていても、肌を見れば、若さは歴然。

ということは、肌だけでもキレイであれば、若く見えるということです。

今まで数えきれないほどのヒトたちを見てきて、ヒトは誰でも、自らの力できれいになれる、と私は断言します。最近では、男性も自分の印象を変えたいためにフェイスニングを始める方もけっこういらっしゃるほどです。


あなたがなりたい肌は、どんな肌ですか？

肌も顔も「自分で」つくれるのです。育てられるのです。誰でも何歳からでも、自慢の肌、なりたい顔を目指して、一緒に始めましょう。

目次

序章 顔の悩みも肌の悩みも、すべてのカギは「表情筋」 17

目次

第1章

メイク、スキンケアだけでは“本物のきれい”は手に入りません 29

第3章
顔が生まれ変わる実感 基本フェイスニング
目元、頬、口元、あご、首――筋肉のバランスが決め手です

目次

目次

カバー&本文イラスト　emico
本文デザイン&DTP　ハッシィ
企画協力　ガーデン

序章

顔の悩みも肌の悩みも、すべてのカギは「表情筋」

一生、自分の肌に自信をもちたい、あなたへ

「シワやくすみのないキレイな肌になりたい」

「もっと顔を小さくしたい」

タレントやモデルのように透明感のある肌や小さくてキュートな顔はやっぱり憧れの的ですよね。

肌に自信がないと、ついつい高い化粧品やエステなどに頼りがちになります。

肌がキレイだと、それだけで若々しく見えます。

また、顔が大きく見えそうだから、えりのつまった服が着られない、とか、ちょっと顔がふっくらしているだけで、太って見えて損だとか思ったことはありませんか。

顔が小さければスタイルがよく見えるし、似合う髪型やファッションの幅も

ぐんと広がります。

でも、無理なダイエットで急激に体重を落とし、その結果顔やせがかなったとしても、たるみや肌あれなどが起きやすく、小顔どころかげっそりやつれた印象になってしまうでしょう。

顔は、豊かな表情や内面の魅力が備わってこそ輝くもの。笑顔が美しく表情が豊かな人は、人間関係がスムーズで、面接試験などでも好印象を与えるでしょう。

「そういえば、最近心から笑っていない」

「イライラすることが多くて不機嫌な顔ばかりしてる」

「家にこもりがちで、人と楽しく会話することが少ない」、
そんな人は要注意。なぜなら、表情が乏しいと顔の筋肉が怠けてしまうからです。

表情筋を使わないと、顔がどんどんボケていく

顔には20数種類もの「表情筋」という筋肉があるのを知っていますか？（P86〜87参照）

その名の通り、表情筋とは人間のさまざまな表情を作り出す筋肉のことです。私たちが笑う時は笑うための、まばたきをする時はまばたきをするための表情筋が働いています。そして、表情筋は顔の印象と深く関わっているのです。

たとえば、口角挙筋《こうかくきょきん》という口の周りの筋肉が弱ると、口角が下がっていかにも不満そうな、人を寄せ付けない雰囲気の顔になります。

また、眉間《みけん》にある皺鼻筋《しゅうびきん》という筋肉が弾力性を失うと、眉間に縦ジワが定着して、いつもしかめっ面をしているように見えてしまうのです。

私は、このように表情筋が容貌に深く関わっていることに以前から注目し、顔の筋肉について医学的な視点から長年研究を続けて、顔の美容法、健康法としての表情筋の運動「フェイスニング」を開発しました。多くのマスメディアでもとりあげていただき、その反響から、みなさんの顔への関心の高まりを改めて実感することができました。

フェイスニングによる効果は、顔の美容と健康面、そして顔のリハビリに至るまで実にさまざまです。そして、美肌はもちろん顔をキリッと引き締め、メリハリのあるシャープな顔をつくるうえでも確実な効果を発揮します。

表情筋使われ度チェック

表情筋を怠けさせていると、次のような現象があらわれます。あなたの気になる部分をさっそくチェック。弱っている筋肉がわかったら、その部分の運動を基本フェイスニングにプラスするなどして、特に念入りに行なうようにしましょう。

(表情筋の位置は P86 〜 87 を参照して下さい)

部位	現象	弱っている表情筋(カッコ内は運動を紹介しているページ)
眉間	眉間に縦ジワがある	皺鼻筋《しゅうびきん》(P136)
目	上まぶたのチリメンジワが気になる	上眼瞼《じょうがんけん》(P102)
目	目の下にたるみがある	下眼瞼《かがんけん》(P118)
目	ウィンクができない。または、片方しかできない	眼輪筋《がんりんきん》(P138)
目	同年代の人と比べて、目尻のシワが多いようだ	眼輪筋《がんりんきん》(P138)
口・頬	鼻から口の両脇のミゾが目立つ	上唇挙筋《じょうしんきょきん》(P107)

頬	笑う時に頬がこわばってしまう	小頬骨筋《しょうきょうこつきん》（P124）
	頬のシミが目立つ	大頬骨筋《だいきょうこつきん》（P132）
	食事をしていて口の中を噛んでしまうことがある	頬筋《きょうきん》（P104）
口	唇の色がくすむ	口輪筋《こうりんきん》（P162）
	口のまわりのたるみやシワが目立つ	口輪筋《こうりんきん》（P162）
あご	横顔にシャープさがない	咬筋《こうきん》（P147）
	顎先がゆるんでいる	オトガイ筋・オトガイ横《おう》筋（P110）
	二重あごが気になる	顎舌骨筋《がくぜつこつきん》（P121）
首・肩	首にたるみがある	広頸筋《こうけいきん》（P112）
	首の後ろに脂肪がたまっている	僧帽筋《そうぼうきん》（P173）
	肩がこりやすい	肩甲挙筋《けんこうきょきん》（P176）
目	ドライアイぎみである	眼筋《がんきん》（P181）
口	口がかわきやすい	舌筋《ぜっきん》（P127）

表情ひとつで損している人がいっぱい！

街なかで、電車のなかで、いろいろな人の顔と出会います。

この頃よく感じるのは、きれいな顔立ちなのに、その魅力が十分に引き出せていない人がとても多いということ。

緊張感のないどこかボーッとした顔、表情にメリハリのない顔、笑顔が変にこわばってしまう顔、肌にツヤのない不健康な顔……。どの顔もとても損しています。

一般に身体を鍛えることへの関心は高く、スポーツクラブなどはどこも盛況です。ところが、顔の筋肉の鍛錬についてはどうかというと、鍛えるどころか、鍛える必要性すら気づいていない人がまだまだ多いのです。

でも、フェイスニングの効果を知れば、表情筋を怠けさせていることが、いかにもったいないかがわかるでしょう。

そのいちばんの原因は、表情筋を鍛えていないことにあるのです。

身体の筋肉も顔の筋肉も、同じ筋肉であることに変わりはありません。顔の筋肉を怠けさせていれば、それだけ早く衰えは進み、若くてもたるんだ状態になっていくのは避けられないこと。

そして、長年偏《かたよ》った表情筋の使い方をしていれば、次第に顔のバランスがくずれていきます。

そう、キリッと引き締まったシャープ顔と、見た目にデレッとたるんだボケ顔、その差は表情筋が正しく鍛えられているか、鍛えられていないかの差だったのです。

1つたった1分のフェイスニングで確実な効果が

身体の筋肉を鍛えるとなると、それなりの時間や気構えが必要です。しかし、顔の筋肉を鍛えるフェイスニングのよさは、次のように何といっても手軽にできるという点です。

- **トレーニングは1つたった1分ほどでOK**
- **器具や化粧品を使う必要がなく、いつでもどこでもできる**
- **年齢に関係なくいつからでも始められる**
- **どんな肌質の人でもできる**

特に敏感肌や弱った肌には効果的。化粧品が使えなかったり、エステを受けられないなどの悩みも、フェイスニングで肌を健康に導くことで解決できるのです。

フェイスニングのために何時間もさく必要はないし、身体のストレッチのように広いスペースも必要ありません。もちろんお金は1円もかかりません。

一度正しい方法を身につければ、洗顔のついでに、トイレのなかで、バスタイムに、あなたがリラックスできる少しの時間が、最適なトレーニングの時間になるのです。

さらにフェイスニングのすばらしさは、これだけの手軽さで複数の効果が得られる点。

・肌あれやシミがなくなる
・シワやたるみが予防、改善される
・顔全体がキュッと小さく引き締まってくる

・顔のゆがみが矯正され、表情がなめらかになる
・OA機器使用などによるテクノストレスが解消できる
・笑顔が美しくなり、イキイキとした豊かな表情がつくれる

多くの体験者も証言するように、フェイスニングには女性にとってうれしいメリットがいっぱいです。

ふだん表情筋を意識することはあまりないけれど、意識的に鍛えていけば、早い人で2週間、平均約2カ月程度で変化は確実にあらわれ始めます。

整形手術のような速い効果は望めないけれど、正しいやり方で根気よく続ければ数年後の顔に大きく差がつくことは間違いありません。

フェイスニングのよさを知って、積極的にあなたの魅力を引き出してみましょう。

第1章

メイク、スキンケアだけでは“本物のきれい”は手に入りません

化粧品やマッサージだけではダメな、これだけの理由

顔は、毎日微妙に変化し続けています。

「このところ肌がアレぎみで、調子が悪い」
「顔が変にむくんでいるみたい」
「目の下のクマが、目立ってしまう」
「小ジワが増えてきた。何とかしなくちゃ……」

こんなふうに肌の不調を発見したら、どうしますか？　まずは、あわてて化粧品で何とかしようと考えるのではないでしょうか。

でも、どれだけ念入りなスキンケアをしても、化粧品の力に頼りきりで、前

と同じ生活スタイルのままでは元のもくあみです。

ここでは、顔の皮膚と筋肉のしくみについて、ちょっと説明しましょう。人間の皮膚は、外側から表皮《ひょうひ》、真皮《しんぴ》、皮下組織の3層からなっています。表皮はたった0・1〜0・3ミリ程度の薄い皮膚ですが、このなかにさらに薄い細胞が重なり合っていて、私達の目に触れるのは、そのいちばん外側にある表皮の角質《かくしつ》層と言われる部分です。

角質層には10〜20パーセントもの水分

が含まれ、肌の美しさ、みずみずしさを守る働きをしています。表皮のいちばん下からは新しい細胞が次々と生まれ、一定のサイクルで新陳代謝を繰り返しています。

真皮には血管、汗腺、皮脂腺などの器官があります。ここには肌のハリや弾力を保つコラーゲンやエラスチンなども含まれています。

皮下組織には脂肪細胞が集まっていて、脂肪が多くなりすぎれば、顔太りとなり、次第に高じてたるみや二重あごになります。

そして、これら3層からなる肌の下にあって、皮膚を支えているのが筋肉。いわば縁の下の力持ち的な存在といえます。

ただし、ベースにある筋肉の力が弱ければ皮膚をしっかり支えることはできません。筋肉に力がないと、その上の皮膚は支えを失った状態となり、その結果たるみやシワなどいろいろなトラブルとなってあらわれます。いくら化粧品やマッサージで緊急にケアしたところで、筋肉にまでは手がとどきません。

顔の皮膚と筋肉のしくみ

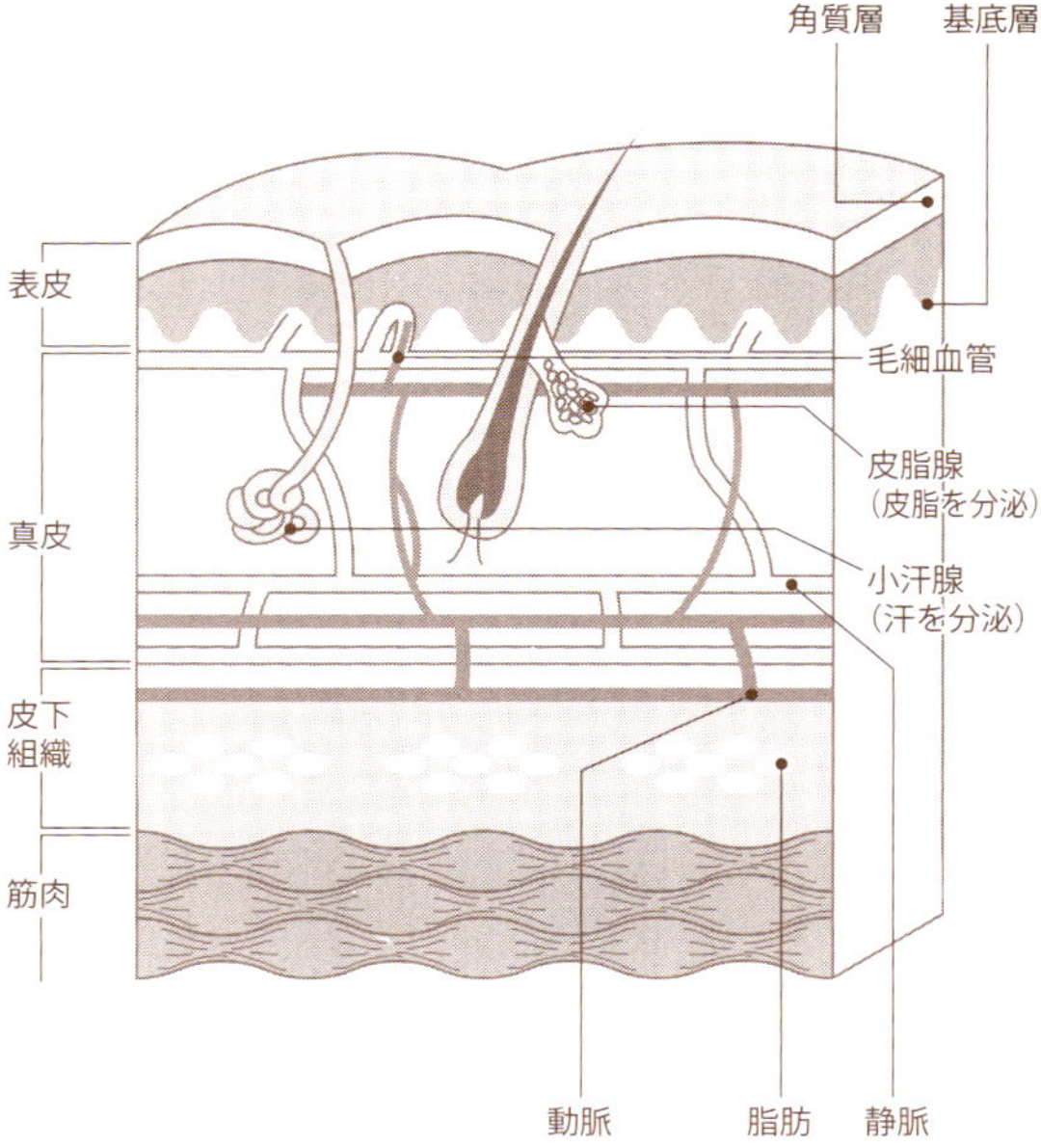

そこで、ぜひとも必要となってくるのが、筋肉を鍛えるためのフェイスニングなのです。

健康な筋肉がなければ、健康な肌はありえない

スキンケアとフェイスニングの大きな違いは、外側から皮膚に働きかけるか、内部の筋肉から表皮に働きかけるか、という点です。

もちろん、美しい肌を保つうえでスキンケアは不可欠ですが、皮膚と筋肉は構造上切り離せない関係にあります。

フェイスニングで皮膚を支える筋肉をもとから鍛えれば、肌の健康を取り戻すことができます。運動後の肌の弾力性の高まりや、皮脂量、水分量などのバランスについては、医療用の機器でも実証ずみ。フェイスニングの効果は、データからも明らかなのです。

実年齢以上に老けて見えてしまう、その「たるみ」

若々しい肌の大敵ともいえる「たるみ」を例にあげてみましょう。

たるみは、ひと言でいうと皮膚、脂肪、筋肉の関わりがうまくいかなかった時に起こる現象です。皮膚と筋肉の間にはさまれた脂肪層が、肥満などで厚くなりすぎると、皮膚と筋肉はこれを支え切れなくなってお手上げの状態に。

それとともに重力や引力によって脂肪がデレンと垂れ下がります。これがたるみ。つまり根本的な原因は筋肉の衰えです。

フェイスニングを行うとまず筋肉の弾力がもどってくるし、余計な脂肪はエネルギーとして消費されます。

しかも筋肉量は増えていきます。皮膚を力強くぐっと持ち上げられるようになり、その結果たるみは改善され、顔は引き締まってきます。

30代から目の下のたるみが目立つようになったというある主婦の方の場合は、

高価なアイクリームを使っても改善できず、あきらめかけていたそうです。すがる思いでフェイスニングを始めたところ、3週間程度で目の下のたるみは改善され、さらに顔色もすぐれなかったのが、「最近、顔が元気そうですね」と言われるほどになったといいます。

10代後半や20代の人でも、油断は禁物。脂肪がつきすぎると外見上たるんで見えることはいくらでもあります。今から予防策としても表情筋を鍛えておくべきです。

もうシミやシワで悩まない!

小ジワ、シミ、目の下のクマ、肌のかさかさやベタつき……。

フェイスニングは、これらの肌の悩みにも広く対応することができます。肌が美しく変わるのを実感することは、女性にとって何よりの喜びです。

目のまわりの小ジワやたるみが老け顔を強調していた30代の女性。基本のフェイスニングに加え、目のまわりの運動を中心にフェイスニングを行いました。

4カ月を過ぎた頃から顔の動きが柔軟になったことを感じ、5カ月めにはTゾーンの脂浮きが解消。問題の小ジワやたるみも、肌の弾力が戻ってくるとともに改善されていきました。

以前は、美容整形を考えたこともあったけれど、今では、「自分の顔は自分でつくる、つくれるのだ」という自信がついてきたそうです。

他にも、漢方薬でもなかなか改善できなかったシミが、フェイスニングによって1カ月程度で薄くなったり、口のまわりのシワやたるみがとれ、バストアップという思いがけない効果が得られた、長年悩んでいた額のシワがほとんど目立たなくなった、などのうれしい証言の数々があります。

笑わないとシワになる!?

ところで、思いきり笑うと目尻のシワが増えてしまう、と思っていませんか？それは俗説です。どんどん笑ったほうがいいのです。なぜでしょう？

そもそも、シワの主な原因は筋肉の弾力が失われることにあります。筋肉に弾力性があれば、笑っても筋肉と皮膚が同時にバランスよく動き、もとにもどればシワもスッときれいにのびます。つまり復元力があるということ。

ところが筋肉の力が弱まってくるとバランスがくずれ、笑った時に表面の皮膚だけしか動かない状態になってしまいます。そうなると筋肉と皮膚にズレが生じてシワという形で表面に残ってしまいます。

この状態のまま笑いを繰り返していけば、笑いジワも永久ジワとしてしっかり固定していきます。

笑いジワができるから、と笑うことを避けていては筋肉はどんどん弾力を失っていく一方。結局、永久ジワができやすい状態を自らつくってしまうのと同じです。あわてて化粧品を使っても、筋肉を強くすることまではできません。

笑った時にできるシワは皮膚のゆがみを吸収するうえで必要ですし、筋肉をしっかり使って笑う方が心の健康にもいいのです。

肌を痛めてしまう自己流マッサージ

美しい肌のために必要なこと、それは普段使わない筋肉を意識的に動かして鍛えるとともに、睡眠と栄養をたっぷりとること。そして正しいスキンケアを行うことです。

ところが、せっかく肌のためを思ってやっているスキンケアも、その方法が間違っているためにかえって肌を傷めているケースが実はとても多いのです。

まずマッサージ。たるみやシワ対策のつもりが、逆効果になっていることがあります。

特に、筋肉の流れを無視した自己流のマッサージは危険。筋肉の走向に逆らうような動かし方をすれば、どうなると思いますか？

本当は筋肉を引き上げるべきところで、知らずに無理やり引き下げてしまう、といった結果にもなりかねません。

自己流のマッサージだと、やたらと力を加え過ぎてしまいやすい点も心配。力まかせに行うと、皮膚と筋肉の間にズレが生じて、かえって肌を傷めたり、シワを増やしてしまったりするわけです。

肌をやさしくなでるようにマッサージしているから大丈夫、という人も、意外な落とし穴が。それは、マッサージクリームやオイルの使い方です。

クリームを少なめに使ったり、ほんの少ししか使わなかったりすれば、それだけ肌への負担は大きくなります。

そして、もうひとつ間違いやすいのがスキンケアの基本中の基本、洗顔です。

以前、セミナーの受講生に普段通りの洗顔を実際にやって見せてもらったことがあります。すると、なんと10人中8～9人は正しい洗顔ができていなかったのです。

目についたのが、

「洗う時、肌を強くこする」

「すすぎが不十分で洗顔料の泡が顔に残る」

「拭く時にタオルでゴシゴシこする」

という間違い。毎日あたりまえのようにやっている洗顔も、決してあなどれません。

正しい洗顔のポイントは、

「よく泡立てる」

「泡で包み込むように洗う」

「洗顔料は十分にすすぐ」

「拭く時はタオルでおさえるようにする」

など。基本からまず徹底させましょう。

無表情な人は大顔に!? 顔が運動不足の現代人

笑う、泣く、怒る。人は喜怒哀楽を顔に表すことによって、相手に気持ちを伝えコミュニケーションをとることができます。じつは無表情が大顔の原因だとしたら、どうしますか?

笑顔をつくる表情筋は、口や頬、目のまわりにかけて7種類あります。心から笑いがこみあげてくれば、この表情筋もすべてバランスよく動き、ふつうは自然で美しい笑顔がつくられます。

心からの笑いはストレスを発散させ、心身ともにポジティブな効果をもたらします。そして、表情筋を鍛えるという点でもとても意味のあることです。

ところが最近気になるのは、表情に乏しく、笑ってもどこかぎこちない表情になってしまう人が多いということ。特に、若い人達にその傾向が多く見られます。

先日ある所で「最近どれくらい笑っていませんか？」という質問をしたところ、「そういえば、1カ月くらいかな」という答が返ってきました。これはもちろん、心の底から笑っていないという意味ですが、今やそれも決してめずらしいことではないのかもしれません。

会社でもOA化が進み、家に帰ればまたも機械相手に部屋に引きこもりがち。そんな生活パターンを繰り返している人は、いずれ笑い方さえ忘れてしまうのでは、とふと心配になってしまいます。

そもそも、こまやかな表情というのは生まれた時から備わっているものではなく、成長する過程で習得していくものです。生まれたばかりの赤ん坊は、母親にミルクを与えてもらいながらその顔をじっと見て、幸せそうに微笑む表情などを学習します。しばらくすると、自分をあやしてくれる人達の表情を真似てやってみるようになります。

さらに成長し、多くの人と接するうちに表情のバリエーションが広がり、楽しい時には楽しい表情が、怒る時には怒りの表情が、悲しい時には悲しい表情がこまやかにできるようになっていくわけです。

老化を加速させる悪習慣とは

私は、無表情でいて顔にいいことはほとんどない、と断言します。

先にもふれたように、表情筋は使わなければ固くなって老化がすすんでいくし、血液の循環が悪くなるためにさまざまな肌トラブルを引き起こします。

また、表情に乏しいと、顔が太りやすくなる、という悪循環も……。

表情筋の運動不足が続き、しかも食事の量は十分摂る。そんな状況下で、細く頼りなくなった筋肉の上には、脂肪が厚くついていきます。

筋肉をぶらさがりひもに、ぶら下がる人を脂肪にたとえれば、しっかり固定してあるひもならば、ぶらさがっても大丈夫。

ところがひもがゆるんでいた場合、ぶらさがった人はその重みでドーンと落ちてきてしまうでしょう。同じ原理で顔はデレンとたれさがってくるのです。

何も対策を講じないまま脂肪だけが蓄積されれば、いずれ顔の筋肉はみるみるたれさがっていきます。あたかも中年太りのおなかのようにプヨプヨの状態になり、逆三角形だったアゴの形もUの字型に、そして最終的には顔と首の境い目さえはっきりしない、たるんだ顔へと急降下。

そもそも顔の筋肉は他の筋肉に比べてデリケート。狭い中に小さな筋肉がたくさんついているため、それだけ弱りやすく、脂肪がついてたるみやすい構造になっています。

ただし、表情筋をきちんと鍛えておけばそうはなりません。脂肪をしっかり支えることができるし、何よりも表情筋を動かせば、脂肪はエネルギーとして燃焼できるのです。

セミナーを受講された方たちも、たるんでしまった顔、老け顔をフェイスニングで見事克服されています。

出産後に10キロ太ってしまった30代の女性も、運動を始めて3カ月目に首のたるみが、半年後には荒れ性だった肌が改善され、顔の引き締まりも時間を追うごとに実感できたそうです。

気づかないうちに顔のバランスがくずれていく「表情ぐせ」

さて、あなたは、自分の表情のくせについて、どれだけ知っていますか？

日本人は比較的表情が乏しいと言われますが、個人的に見ていけば、それぞれに表情のくせがあり、笑い方ひとつとっても10人いれば10通りの笑い方があります。当然、表情筋の動かし方も微妙に違ってくるし、人によっては、かなり偏った使い方をしている場合もあります。

たとえば、左右どちらかの奥歯に虫歯があり、治療する時間がないから、と片方の歯ばかり使ってものをかんでいたとします。もしその状態をずっと続けていれば、いずれ使わないほうの筋肉は弾力を失って顔のバランスがくずれてきます。

また、顔のどこかにコンプレックスをもっていると、どうしても不自然な動きになってしまいます。

歯に自信がないから……と笑う時に必ず口元に手を当て、歯を見せないようにする人がいます。目立つところに虫歯があったり生え方がきれいでなければ、隠したくなるのも当然のこと。

でも、それがくせになれば無意識のうちに不自然な表情が固定されていきます。

このように、ある一定の偏った表情パターンを繰り返すと、それがはっきり顔に刻み込まれていく、と思うとゾッとしませんか?

ある程度の年齢になると、その人の人生が顔にあらわれるとよく言います。眉間にいつもシワを寄せて悲観的に生きてきた人は暗い印象の顔に、笑顔を絶やさず前向きに生きてきた人は、明るい印象の顔になっていくのは、表情筋の使い方が原因だったのです。

働く女性は左右非対称の顔になりやすい？

人間は、生まれたばかりの頃は誰でも左右対称に表情があらわれます。もし身近に赤ちゃんがいれば、観察してみてください。笑顔もバランスがよく、表情筋が柔軟に動いていることがわかるでしょう。

ところが、成長して社会生活を営むようになると、だんだんと子供のように純粋な心を持ち続けることはできなくなってきます。状況に応じて心と裏腹な表情をつくったり、感情をセーブしたりすることが多くなるためです。

「働く女性は左右非対称の表情になりやすい」という説があります。

これは、仕事をしていると人と協調していくために心を偽る機会が多く、それが顔にあらわれるためだと言われています。

いい顔をしたくない時でもいい顔をしたり、意見が合わなくても同調しなければならなかったり、嫌な上司に愛想笑いをしたり、つくり笑いをしてしまったり……。こうして嫌なことや我慢することを積み重ねていくほど、顔にはねかえってくるというわけ。

もちろん、誰でも意識のなかでは、ちゃんと左右対称の表情をつくっているつもりでしょう。でも、心の状態は包み隠せず、ゆがみとして出てしまうのです。

ためしに、あなたの笑い方を鏡でチェックしてみてください。

口元だけで笑っていませんか？

口元が変にゆがんでいませんか？

目や眉は動いていますか？

本来、自然に笑いがこみあげてきた時の笑顔とは、目尻、頰、口元のあたりがバランスよく動くのがポイントです。

よく「目が笑っていない」という言い方をしますが、これはつまり心から笑っていない証拠。表情はウソをつけません。

また、つくり笑いをすると、左右が非対称の「ひきつった笑い」になってしまいがち。心の偏りや自信のなさが表情をくもらせ、表情筋をアンバランスにしてしまうわけです。

表情ぐせは、表情筋を鍛えれば必ず直る

表情のくせが極端な場合、筋力に偏りが生じて、あたりまえの表情もできなくなってしまうことがあります。

セミナーの受講生のなかにも、舌を出そうとしても出せなかったり、口角を上げようとしても片方だけしか引き上がらなかったり、ウインクが片方しかできなかったり、といろいろな方がいます。

また、いい笑顔をつくるために「口角を引き上げてUの字をつくってください」と言っても、力の入れ方が間違っているためにUの字ではなく逆にへの字になる人も意外に多いのです。

フェイスニングは、それらのクセをも改善することができます。笑った時にどうしても上がらなかったほうの口角も、必ずキュッと上げられるようになるし、ウインクもバランスよくできるようになります。

セミナーで会った25歳の女性の場合もそうでした。以前は表情ぐせが強く、笑う時に口元がこわばってしまうのが悩みの種でした。

そこで、トイレタイムや洗顔時など、鏡に向かった時に必ずフェイスニングを実行。ある程度時間はかかったものの、半年後には、笑った時のこわばりがとれ、自然な笑顔がつくれるようになっていたということ。地道に続けたことが、いい結果をもたらしたわけですね。

また、単なる表情のくせに限らず、顔面マヒから顔を思うように動かせなくなっているケースでも、フェイスニングは、確実な効果を発揮します。

三叉《さんさ》神経痛を伴う顔面マヒに苦しんでいた方は、トレーニングを始めて1週間程度でマヒした顔の下まぶたに感覚を感じ、また2カ月目には、頬に赤みがさして血色がよくなったことを実感できたそうです。

もちろん、表情を変えるためには、心も変わらなければいけません。表情ぐせやマヒを克服した人達の多くは、顔にいい変化が見えたのと同時に、気持ちも前向きに変化し、それがまた顔にいい影響を与えたことを証言しています。

内面が輝いてくれれば、それは必ず表面にあらわれるものです。逆にいえば、まず「表情をつくる」ことで、心の内面に働きかける、ということも十分可能なのです。

自分の顔が他人から どう見えているかがわかる簡単チェック

鏡は毎日必ず見る人がほとんどでも、表情のゆがみやくせについては、自分の顔のことなのにずっと気づかない、という人もめずらしくありません。どうしてだと思いますか？

まず、人の顔は、自己的な顔と社会的な顔のふたつに大きく分けることができます。

自己的な顔というのは、たとえば鏡の前でメイクしている時やヘアスタイルをチェックする時など、まさに自分のためにつくる顔のこと。つまり、鏡で見ている顔のほとんどは自己的な顔ということになります。

一方、社会的な顔とは、人前でしゃべったり、笑ったりしている顔、つまり他人に見せている顔のことです。

そして、この自己的な顔と社会的な顔の表情は、違っていることが多いのです。

それもそのはず、自己的な顔を鏡の前でつくる時は、無意識のうちにいい顔をよそおってしまうからです。あなたも、もし自分の嫌だと思う顔が鏡に映ったら、とっさに好きな表情に変えてしまうのではないでしょうか。

誰でも自分の嫌な顔からは目をそむけ、いい顔を優先的に見たいと思うものです。笑顔をチェックする時も、きれいに見えるように口元を演出してしまうでしょう。

でも、こうして好きな顔ばかり映していては、表情の細かなくせまでは発見することができません。

いつも他人に見せている本当の顔は、いつまでたってもわからない。そんな矛盾が生まれてくるのです。

話に熱中している時、本当におかしくてケラケラ笑っている時、悲しくて泣いている時、とても気分が落ち込んでいる時、こんな時に鏡を出して顔をチェックする人はまずいないはず。

顔は一生おつきあいするものですが、考えてみれば、私達は自分の顔について知らない部分がまだたくさんあります。フェイスニングの効果を高めるうえでも、自分の顔についてもっと知っておく必要がありそうです。

本当の自分の顔を知るチェック法

では、自分の本当の顔を知るためのチェック法を考えてみましょう。

手っ取り早いのは、カメラを意識せずに写された写真、ビデオなどでチェックする方法。

また、セミナーで受講生にやってもらうのは、お互いの顔をチェックしあうということです。

ふつうは10数名の少人数制でレッスンを行いますが、その際生徒さんには向かい合わせに並んでもらいます。向かい側に座った人の顔を互いにチェックしてもらい、最初に見つかった欠点が、フェイスニングによってどう変化していくか観察してもらうためです。

表情の欠点というのは、ひとたび口を開いた時にはっきり出てくるもの。ですから、笑ったり話をしたりする顔を観察するうちに、だんだんはっきりと見えてきます。

そして約2カ月という短期間のレッスンでも、最終日になると顔に変化が見え始めます。

「フェイスラインが引き締まってきた」
「下がっていた口角が上がってきた」
「顔の印象が全体に明るくなった」
など、自分でもそれを自覚できるようになるし、多くの人が相手の顔の変化

も指摘できるようになります。

他人の顔を観察することは、それを鏡にして自分の表情ぐせを発見するきっかけにもなります。

また相手から前向きな変化を指摘してもらえば大いに励みになります。

みなさんも、このように第三者に顔をチェックしてもらってはどうでしょう。ふだんのあなたの表情を引き出すために、家族や友人など、できるだけあなたをよく知っている人を選んで顔を見てもらってください。

自然に会話するなかから、

「話し出すと口全体が微妙にゆがんでしまう」

「すぐ眉間にしわを寄せる」

「口がとがったようになる」

など、思わぬ表情ぐせが発見されるかもしれません。同時にあなたも相手の顔を観察してみましょう。

写真も、顔チェックの強い味方

表情ぐせをチェックする方法はまだあります。

引き締まった顔か、そうでないかを大まかに見極めるのであれば、友達と並んで顔写真をとってみるというのも手です。

ポイントは、ふたりの顔の角度が同じになるように並ぶこと。写真を見て、パートナーと自分の顔の輪郭、メリハリなど、比較してみてください。

パートナーは、明らかに顔の大小の差がある人よりは同じような大きさ、顔型の人を選んで。比較して見た時「自分の顔の印象のほうがぼやけてる」と感じたら要注意です。

また、顔の細かい部分まで知りたい、となれば右の顔、左の顔でそれぞれ合成写真をつくってみる方法もあります。

ふつうの顔写真と比較してみると、かなり違った印象になることが多く、バランスの悪い部分、メリハリをつけるべき部分がチェックできます。

まずは鏡で自分の顔をチェックしたいなら、鏡のなかの自分に向かって何か話しかけてみたり、何かひとつの文章を決めてしゃべってみましょう。できるだけ顔を動かしてみると、他人に見られている社会的な顔に近づけるはずです。

これは私自身の体験ですが、以前は笑うと歯《は》ぐきがとても目立っていたことに、自分の写真やテレビ出演時のビデオを見て初めて気づいたのです。それは笑う時に間違った筋肉の使い方をしていたためで、フェイスニングを実践するうちに、だんだんと矯正されていきました。

笑う時に歯ぐきが目立つ人はたびたび見かけます。でも、よほど歯の生え方に問題がないかぎりは、筋肉のバランスを整えるだけで直すことができます。

自分の嫌な顔から目をそむけていては前にすすめません。写真や鏡をおおいに利用し、客観的な視点も参考にしながら、顔の欠点や表情ぐせを探してみましょう。

あの人気タレントの顔が輝いている本当の理由

ブラウン管や雑誌のグラビアによく登場するタレントやモデルは、みな「顔が小さい」が定説となっています。小顔であることは、アイドルになれる条件とさえ言われているほど。

でも、アイドルふうの理想的な顔は、最初から完成されていたものでは決してありません。

顔が小さいという条件は最初から満たしていたとしても、デビュー当時は光り輝く前の原石のようなもの。ところが、人気と並行するように目に見えてキラキラと輝きはじめ、まさにスターの顔へと変化していくように見えます。

ただ、彼女達の多くはフェイスニングを実践しているわけではありません。

では、どうして理想の小顔を手に入れることができたのでしょう?

本人の努力も多分にあるものの、他にも大きくふたつの理由が考えられます。まずひとつは、仕事がら自然と表情筋を動かす機会が多くなるということ。

人気タレントやモデルともなると、場合によっては1日に何度もカメラの前に立ちます。カメラの前でぼんやり無表情でいることはできないし、カメラマンの注文に応じて意識的に笑顔を作ったり、自らも表情に変化をつけてみたり、と必然的に表情筋をたくさん動かすことになります。これが、知らないうちに表情筋のトレーニングになっているのです。

みなさんも、カメラの前に立つ時は、写真うつりを考えて表情をつくるはず。自然に口元が微笑むように「チーズ」とか「ウイスキィー」などと口に出していうこともよくあるでしょう。その口元で口角をクイッと上げれば、顔の筋肉を使っていることがはっきりわかると思います。

タレントやモデルの場合、カメラの前に立つ回数だけ表情筋を多く使うことになり、結果的に顔が引き締まってくるというわけです。フェイスニングを知らなくてもシャープ顔になれる秘密は、ふだんから顔を積極的に動かすことに

もあったのです。ただし、グチャグチャ動かすだけではダメですが……。

人に見られる緊張感も顔の引き締めに

そして、人気者達が小顔になれる理由はもうひとつ。これはよく言われることですが、世間に顔を知られるようになると、常に人に見られているという緊張感が芽生えてきます。それによってまた、顔の引き締め効果がアップします。つまり、緊張感のある顔は自然と鍛えられるし、緊張感のない顔は、表情筋を怠けさせる、ということ。

たとえば、あなたがひとりで道を歩いていたとします。ふとショーウインドーに映った自分の顔を見て、思いがけず、だらけた顔をしているのに気付いたことはありませんか？

もちろん、だらけた顔は無意識のうちにしてしまうもので、自分では気づきにくいものかもしれません。でも、だからこそ注意して、ふだんから自分の顔をまめにチェックするように心がけてみましょう。

「あっ、まずい」と思ったら、あえて自分の間の抜けた顔と向き合い、意識的にキリッとした表情をつくってみること。これも顔の訓練になります。

フェイスニングを習得し実践するとともに、ふだんから表情豊かに、そして気持ちにハリをもって生活する習慣をつけておきたいものです。

年齢なんて関係なし！顔の筋肉は鍛えられる

お肌の曲がり角は25歳が定説となっています。

では〝筋肉の曲がり角〟はといえば、こちらはもっと早く、20歳頃と考えられています。つまり、肌よりも筋肉の衰えのほうが早く始まるというわけ。

ちなみに、血管の衰えが始まるのはなんと10歳頃。老化は、体の奥のほうから気づかないうちにジワジワと進行しているのです。

今は若くハリのある肌だったとしても、皮膚の下で筋肉の衰えは始まっている、または始まろうとしているのです。

ただし、大きな救いは「筋肉は、年齢に関係なく鍛えれば発達する」ということです。若くても鍛えなければ老化はすすみ、年齢の高い人でも鍛えれば必ずやわらかさを取り戻すことができる、それが筋肉なのです。

ですから、「もう年だから遅い」とか「今さら始めても間に合わない」ということは決してありません。

フェイスニングに年齢制限はなく、何歳から始めても、その効果は必ずあらわれます。これも、フェイスニングの大きな魅力と言えるでしょう。

もちろん、早く始めれば筋肉の弾力性が十分残っていますから、そのぶん回復も早く、継続していけば、健康な筋肉を長く維持し続けていくことができます。


老化そのものはゼロにくいとめることはできませんが、フェイスニングを続けることで、老化が10進むところを半分程度に食い止めることは十分可能です。地道に続けた人と、何もしなかった人とでは、10年後、20年後の見た目の年齢にはっきりと大きな開きが出て不思議はないのです。

効果は早い人で2週間で表れる

フェイスニングの効果は、早い人では2週間、平均して約2カ月程度であらわれます。

ただし、スタート時の筋肉の状態などによってかなり個人差はあります。年齢が高くなるほど時間がかかるとはいえ、人によっては早い回復力を示し、高齢になってから始めても、短時間でぐっと若返った感じになる場合もあります。

また、長く続けているうちに、気がついたら前より顔が引き締まっていた、という微妙な変化に気づく方もいます。確かなことは、やれば必ず変化が目に見えてくる、ということ。

フェイスニングのセミナーに参加される方は、プロのモデルをはじめ、ＯＬ、主婦、学生、ドクター、営業マンの方々など年齢層も職種もさまざまです。60代、70代の参加もめずらしくありません。それぞれの肌の状態や年齢に応じて無理のないペースで運動をすすめていくことができ、体験者のほとんどがその後も継続して運動を続けています。

最近では男性の方も目につくようになり、性別や年齢を問わず顔への関心が高まりつつあるようです。なかには82歳の男性がセミナーに参加されたケースもあります。

実はこの男性がフェイスニングに興味をもったきっかけは、なんと恋愛だったということ。相手の女性に対してもっと若々しく魅力的でありたい、という情熱に後押しされて始めたというわけです。とても素敵なことですよね。

効果のほどですが、以前より表情がハツラツとした印象になり、輪郭も引き締まってくるなど、はっきり若返りを実感できたということ。

可能性は誰にでもあります。その可能性を開花させるために、フェイスニングをおおいに役立てていってください。

体験者が証明するフェイスニングの効果

フェイスニングの指導を行なっていると、いろいろな受講生と出会い、フェイスニングの素晴らしい効果を目の当たりにすることができます。

第一印象ではとても暗い表情だった方も、トレーニングをすすめるうちに明るく生き生きとした表情に変わっていきますし、顔のゆがみやたるみなどの悩みを抱えていた方も、それが少しずつ改善されていくとともに、表情も目に見えて輝きはじめます。

見た目年齢が20歳も若返った！

受講生のなかでも特に印象的だったのは、フェイスニングのセミナーに沖縄から参加された50歳に近い女性のケースです。

彼女と最初に会った時は、実年齢より10歳くらい老けた印象をもちました。見た目に表情も暗く、口角もへの字に下がった状態。当時は「鏡を見るのが嫌でたまらない」と本人が言うほど自分の顔に自信をなくしているようでした。

フェイスニングには顔のポイント別のエクササイズがありますが、口角が下がっているからといって、口の筋肉の運動だけを行なうわけではありません。顔全体をバランスよく動かせるように複数のエクササイズを組み合わせて行ないます。彼女の場合も、その方法で約2カ月の受講期間中に、少しずついい変化が見えはじめたのです。

セミナーも終了し、しばらくたったある日、沖縄へ戻った彼女から、とてもはずんだ声で電話が入りました。聞けば「20歳若返ったんです」とのこと。その後、フェイスニングを続けるうち、なんと40代の顔になったと周囲の人から言われるようになったそうで、こちらも驚きました。

60代に見えた顔が40代になったとなれば、確かに見た目の年齢は20歳若返ったことになるわけですから。シワやたるみもかなり改善されて、今では毎日鏡を見るのが楽しくてたまらない。髪型やメイク、ファッションにいたるまで新しいイメージに変えてみたというほどです。

それだけではありません。人を美しくする仕事につきたい、という思いが強くなり、最近になって化粧品関係の仕事も始めたそうです。

まさに、顔が若返り美しく変わったことが、すべてプラスに作用した理想的なパターンです。

眉間にシワがなくなり、優しい印象に変わった

また、30歳のある女性の場合は、顔立ちはとてもきれいなのに、話し出すとすぐ眉間にシワがよってしまうという表情ぐせがありました。相手に暗いイメージを与え、顔で損しているお手本のように見えました。

でも、聞いてみると本人は指摘されるまでまるでそのくせに気づかなかった

ということ。話をしている時の顔を鏡に写すことはあまりないため、これは多くの人によく見られることなのです。

彼女の場合、眉間にある皺眉筋《しゅうびきん》と共に、全体をバランスよく動かすために複数のフェイスニングも組み合わせて行なってもらいました。そのうち眉間のシワは気にならなくなっていき、顔がやわらいだ印象になっていったのです。

その後、多くの人に「顔が優しくなった」「顔がすっきりした」という指摘を受け、人間関係も以前よりスムーズになったと聞いています。

化粧品やマッサージよりも顔が引き締まった

友人と写した写真を見て「自分の顔の大きさ」にショックを受けたことから、フェイスニングを始めた方もいます。

25歳のＯＬの彼女は、化粧品やマッサージ、ダイエットに至るまで試したものの、いい成果はあまり得られなかったといいます。

ところがフェイスニングによって筋肉が引き締まる感じをつかんでからは、変化があらわれるのは意外に早く、特に目立っていた頬を集中的にトレーニングすることでキュッと引き締まってきました。顔に自信がついたことが他にもいい影響を及ぼし、恋人の獲得にも成功したとか。

3倍のスピードで顔面マヒが回復した

手術や事故の後遺症で顔面にマヒが残ってしまった場合の、フェイスニングによるリハビリ効果も素晴らしいものがあります。

たとえば、脳腫瘍《しゅよう》の手術後に、お医者様のすすめでフェイスニングを始めたところ、同時期に手術した人のなんと3倍のスピードでマヒが回復したケースがあります。

その20代の女性の場合、最初はマヒによって目を閉じることもできませんでした。ところが、フェイスニングで目を閉じるための筋肉を鍛えていくうち、だんだんと閉じられるようになっていったのです。今ではプールに入れるまでに回復しているということ。

やはり脳腫瘍の手術後に目や口が閉じられなくなった30代の女性も、素早い回復力を示し、手術から5年たった今では、顔のゆがみもほとんどなくなり、乾燥肌によるチリメンジワや唇の荒れも解消。生きる楽しさを取り戻すことができたそうです。

顔のリハビリも身体のリハビリと同じです。動かさなければ筋肉は固まってしまうけれど、動かす努力を続けていれば、少しずつ固さはほぐれていきます。人任せではなく、自分で筋肉を動かそうという意志が、神経と筋肉の連係をスムーズにしていくのです。フェイスニングが医療の分野でもどんどん活かされていくことを、私は願ってやみません。

毎日歯を磨く感覚でフェイスニングを習慣に

今までは、首から上の部分の訓練については身体の訓練と比較して認識が浅く、また医学的にも一歩立ち後れた状態となっていました。でも身体と顔は別個のものではありません。顔の筋肉だけまったく鍛えない、というのはやはり不公平な話です。

そこで、この機会にぜひ顔の筋肉をもっと鍛える習慣をつけてください。フェイスニングには、約30種類のエクササイズがありますが、このすべてを毎日行う必要はありません。

基本フェイスニング（P101～）はできるだけ毎日行うようにし、これにあなたの目的に応じた応用フェイスニング（P115～）を組み合わせて行えばいいのです。

そして、顔を洗ったり歯を磨くのと同じように、フェイスニングを習慣として毎日の生活に組み入れてください。

今後ますます国際化が進み、日本人も欧米人なみの豊かでイキイキとした表情がコミュニケーションの手段としても求められています。

顔のトレーニングというと、女性に限られた分野と思われがちですが、男性の方にも、顔の筋肉を鍛えることのメリットをもっともっと知っていただきたいと思います。

そして、フェイスニングによってあなたの顔が少しずつ変化し、輝いていくことの素晴らしさを実感してください。

第2章

フェイスニングの効果を
アップさせる
心と体のリラックス法

知っておきたい「表情筋のメカニズム」

フェイスニングを実際に行う前に、「表情筋」の正体を詳しくさぐってみましょう。

今、表情のしくみがどうなっているか、フェイスニングをやると筋肉がどう動くのか、具体的にイメージできる人はたぶん少ないでしょう。

ただし、表情筋についての知識がまったくないままにフェイスニングを始めても、本当のよさを実感できません。まず、基本的なところから頭に入れておきましょう。

表情筋は、目や口のまわりからあご、頭部にいたるまで、細やかについています（P86〜87参照）。

目のまわりだけでも6種類もの表情筋があり、たとえば上まぶたにある「上限瞼《じょうがんけん》」は目を細めたりまばたきする働き、目のまわりをまるく囲む「眼輪筋《がんりんきん》」は目を閉じる働きがあります。

また、頬のまわりにも6種類の表情筋がついていて、「笑筋《しょうきん》」には口を横に引く働き、「上唇挙筋《じょうしんきょきん》」には唇を引き上げる働き、と、それぞれに大切な役割があります。

そして、これらの表情筋は、個々の役割に応じて単独で働いているわけではありません。お互いに協力し合ったり、反発し合ったりしながら、微妙な表情がつくられます。つまり表情はいくつもの表情筋の共同作業で生み出されるもの、というわけです。

ドミノ倒しの要領で、筋肉の収縮は伝わっていく

表情筋を断面から観察すれば、ひとつの筋肉はとても複雑な構造になってい

ます（P86～87参照）。

糸状の筋原線維と呼ばれるものがたくさん集まってまず筋線維に。それがまた束になったものが筋膜でおおわれ、ひとつの筋肉を構成しています。

さらに、筋肉のなかには血管や神経が走っています。きれいな酸素や栄養分がその血管を通り道にして皮膚のほうに運ばれ、筋肉の動きそのものは、神経によってコントロールされています。

顔を動かして筋線維の一か所に刺激が伝わるとどうなるでしょう。

最初の線維が収縮し終ると、次の線維へ刺激が伝わってまた収縮し、さらに次の線維が収縮する、というように、次々と連鎖反応を起こしていきます。まさにドミノ倒しの要領で、線維から線維へと刺激が伝わっていくわけです。

そんな細やかな動きによって、私達は喜怒哀楽の複雑な感情を表現することができているのです。

また、デリケートな感情表現ができる理由は、基本的な筋肉のつき方にもあります。

ひとつの筋肉には頭と腹と尾があります。

ふつう身体の中心線に近いほうの端が頭、筋肉の真ん中あたりにあるのが腹、頭と反対側の端が尾です。一般に、顔以外の身体についている筋肉は、頭と尾が骨についています。

つまり、骨に始まり骨に終わるというつき方。骨についているぶんしっかり固定されていますが、そのために微妙な動きをつくり出すことはできません。

表情筋の場合は少し違っていて、骨から皮膚、または皮膚から皮膚というつき方をしています。頭と尾の両方か、または尾の部分が皮膚についているため、動きが固定されず、柔軟な動きも可能になります。

このような表情筋のメカニズムを頭に入れておけば、フェイスニングを行う時も、筋肉の動きをずっとイメージしやすくなります。


ところで、顔の部分やせは可能なのかという質問をよく受けますが、その部分を集中的に鍛えるフェイスニングによって、効果的に引き締めることはもちろん可能です。

ただし、説明した通り、筋肉の動きは連動して起こるもので、一か所を刺激すれば、その刺激は他の部分にも広がっていきます。「部分やせ」と言い切ってしまうのは語弊《ごへい》があるかもしれません。

いずれにしても、動かしたい筋肉を意識し、動きをイメージすることは効果アップにつながります。トレーニングの基本ルールとして覚えておきましょう。

運動はまず表情筋のしくみを知ってから

固まってしまった表情筋を目覚めさせるなら、自分の顔を変えたいなら、とにかく筋肉を使って動かさなければ始まりません。

怠けがちな表情筋や間違った使われ方をしている表情筋は、できるだけ早く見つけて、鍛え直さなければなりません。

それも表情筋のことを知ってはじめてできること。そして、とくに動かしたい筋肉がどこにどのようについているのか、また、どう動かせばいいのか、をきちんと理解してからフェイスニングを行うことが成功の秘訣です。

表情筋についての知識がないと、たとえば引き上げなければ鍛えられない筋肉を、引き下げてしまうという間違いをやってしまいがちです。でも、これではかえって逆効果になってしまうことも。そう、動かせばいいから、とただむやみに顔を動かしたところで、よりよい効果は得られないのです。

また、目的となる筋肉をすみずみまで動かすためには、ゆっくりと動かすことが条件。めいっぱい伸びるだけ伸ばす、縮めるだけ縮める、その繰り返しによって、ふだんの表情では動かせない部分に働きかけることができます。

表情筋のしくみ（前）

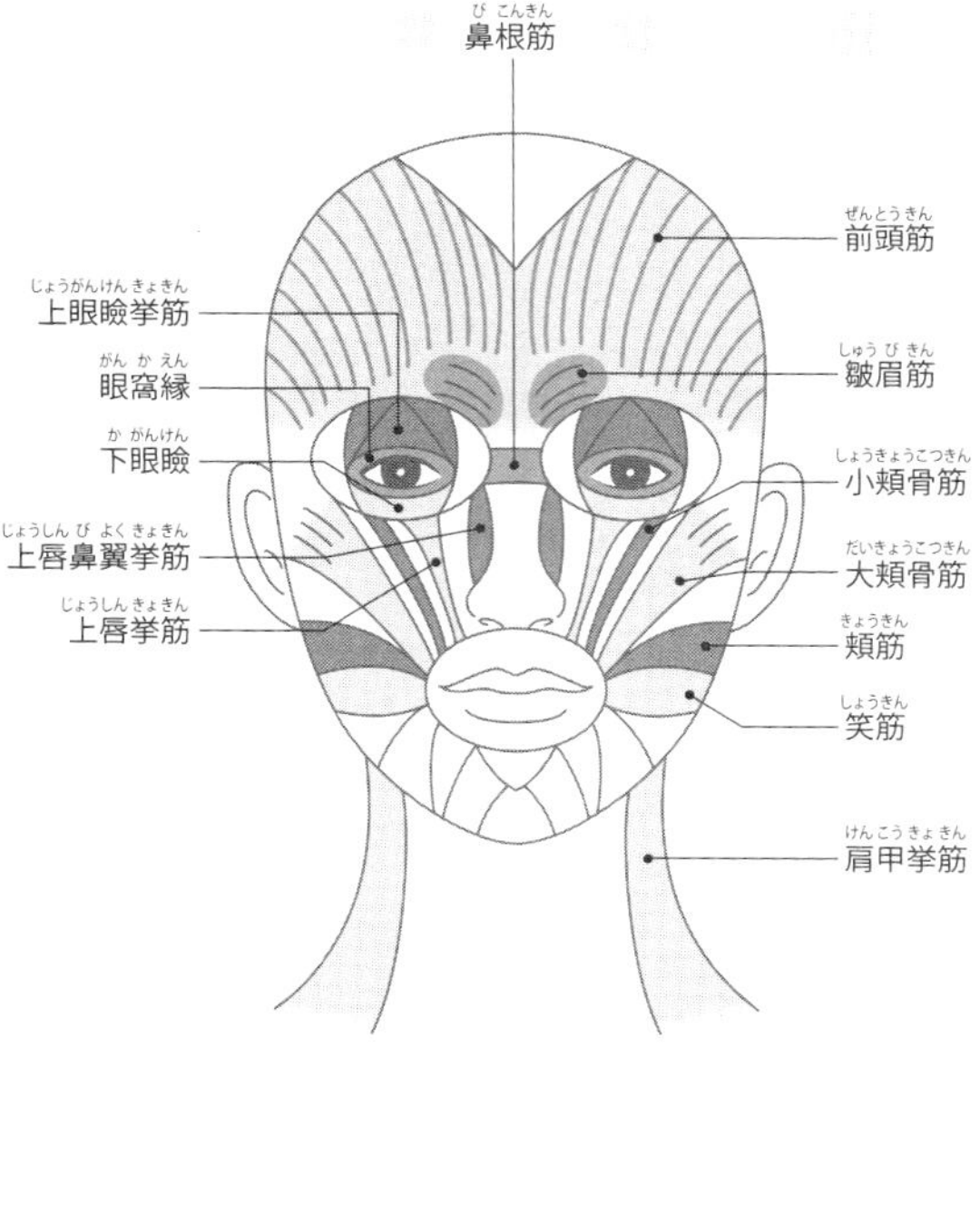
鼻根筋《びこんきん》
前頭筋《ぜんとうきん》
上眼瞼挙筋《じょうがんけんきょきん》
眼窩縁《がんかえん》
皺眉筋《しゅうびきん》
下眼瞼《かがんけん》
小頬骨筋《しょうきょうこつきん》
上唇鼻翼挙筋《じょうしんびよくきょきん》
大頬骨筋《だいきょうこつきん》
上唇挙筋《じょうしんきょきん》
頬筋《きょうきん》
笑筋《しょうきん》
肩甲挙筋《けんこうきょきん》

表情筋のしくみ（横）

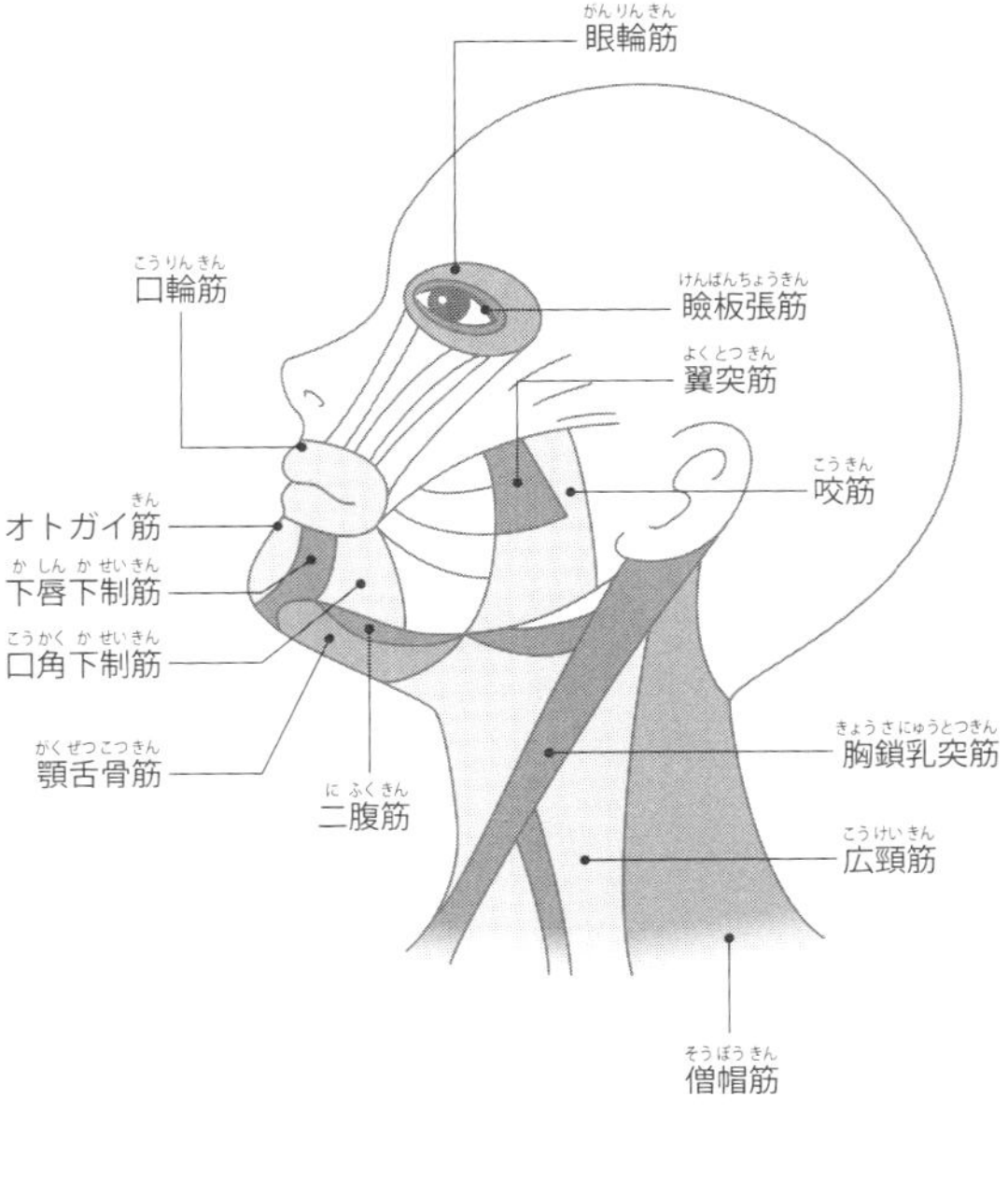
眼輪筋《がんりんきん》
口輪筋《こうりんきん》
瞼板張筋《けんばんちょうきん》
翼突筋《よくとつきん》
咬筋《こうきん》
オトガイ筋《きん》
下唇下制筋《かしんかせいきん》
口角下制筋《こうかくかせいきん》
顎舌骨筋《がくぜつこつきん》
二腹筋《にふくきん》
胸鎖乳突筋《きょうさにゅうとつきん》
広頸筋《こうけいきん》
僧帽筋《そうぼうきん》

この本の一番効果的な使い方

さて、ここからは、いよいよフェイスニング実践編。まずはフェイスニングを効果的に行なうためのプロセスをご説明します。

①ウォーミングアップ（第2章　92〜100ページ）

表情筋を十分に動かすために毎日行ないたい準備運動が「心と体のウォーミングアップ」と「全顔フェイスニング」。まずは心身をリラックスさせます。

特に高齢の方は、こわばった筋肉を解きほぐすためにも入念にウォーミングアップを。

また、どうしても時間がないときは、全顔フェイスニングだけ行なってもかまいません。

②基本フェイスニング（第3章　101〜114ページ）

表情筋をまんべんなく動かすために、初心者にも比較的やりやすい5つの運動を組み合せたのが、この「基本フェイスニング」。まずは毎日15分、基本フェイスニングを行なって、フェイスニングの方法をしっかり身につけて。

③応用フェイスニング（第4章　115〜183ページ）

応用編では、目的ごとに1〜4つのフェイスニングを紹介しています。基本フェイスニングにプラスして行ないましょう。

また、慣れてきたら基本・応用全ての中から5つ以上の運動を選んであなただけのプログラムを作ってもOK。

フェイスニングを成功させる6つのポイント

1 ウォーミングアップをしっかり。心と体を十分にリラックスさせる

筋肉が緊張していると、正しくフェイスニングを行なうことができません。まずウォーミングアップをしっかり行ない、心と体をリラックスさせましょう。好きな音楽を聞いたり、アロマテラピーを楽しみながら行なうのもいいですね。

2 正しい方法をマスターするために鏡でチェックしながら行なう

間違ったやり方は、新たなシワやたるみをつくる原因にもなりかねません。特に最初は、鏡で筋肉の動きをチェックしながらフェイスニングを行ないます。

3 動かしたい部分の筋肉を意識し、動き方をイメージして行なう

今、どの部分の筋肉を動かしたいのかをよく意識し、その動き方をイメージしながら行ないましょう。初めはなかなかうまくいかないかもしれませんが、イメージし続けることで次第に効果がアップします。

4 ゆっくり、十分に動かすことで筋肉の弾力はアップする

急いでセカセカと行なっては、筋肉をすみずみまで完全に動かせません。筋肉をゆっくり動かすようにして十分に伸ばし、十分に縮めることで、筋肉の弾力性は増していきます。

5 継続は力。毎日15分、5つ以上のフェイスニングを習慣にしよう

毎日根気よく行なうことで筋肉は力をつけてきます。まずは5つの運動を組み合せた基本フェイスニングを1日15分、毎日行なうようにしましょう。慣れてきて自分で運動を選ぶ場合も、5つ以上のフェイスニングを毎日行ないましょう。

6 最初からガンバリ過ぎは禁物。疲れ過ぎないように注意して

やり過ぎは逆効果。それぞれに表示している回数は、あくまで一般的な目安です。あまりに疲れてしまうようなら、最初は回数を減らしても OK。慣れてきたら徐々に回数を増やしていきましょう。

1

両手を後ろで握手するように組みます。両肩をゆっくり後方に３回、前方に３回まわす。

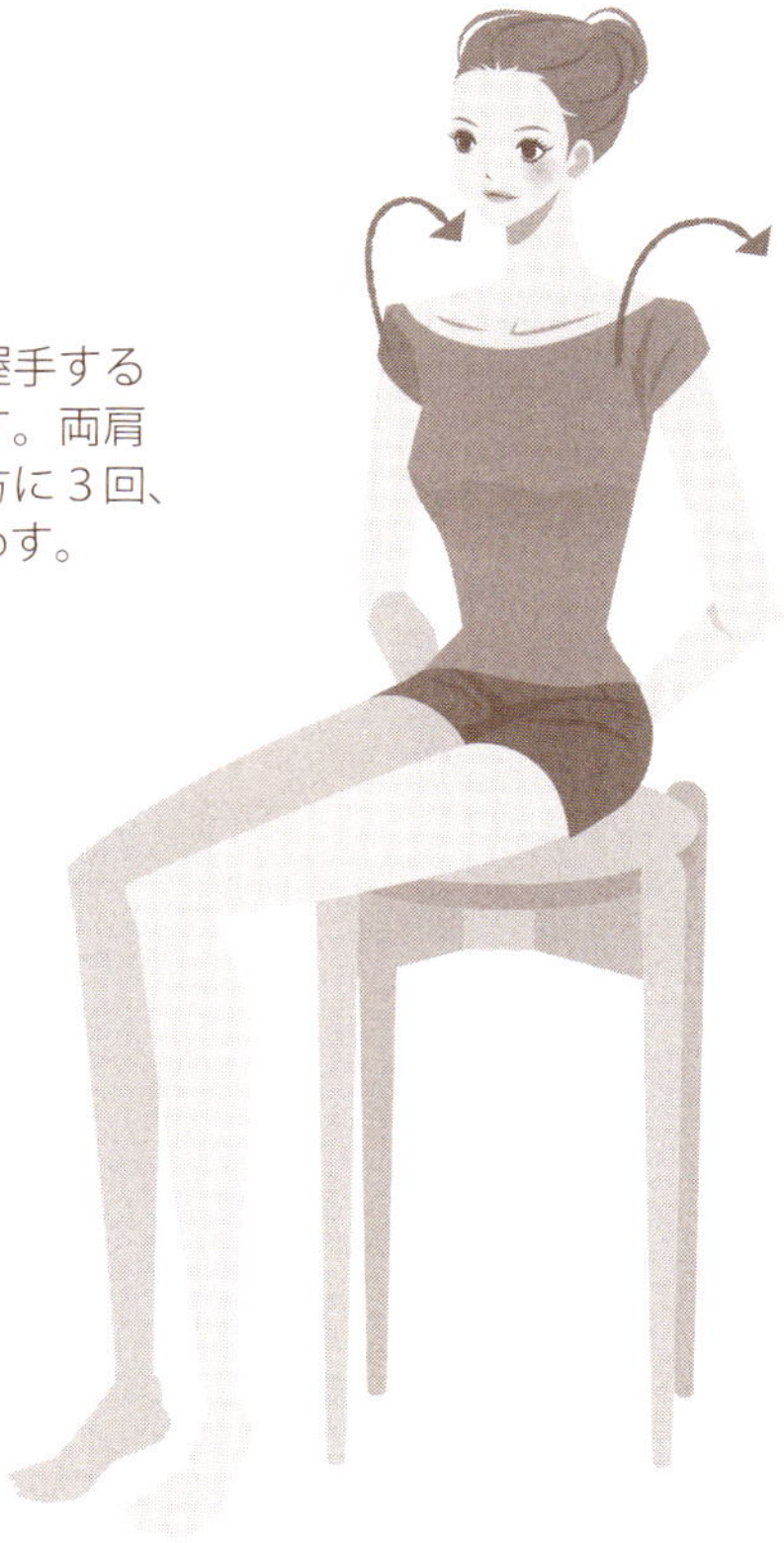

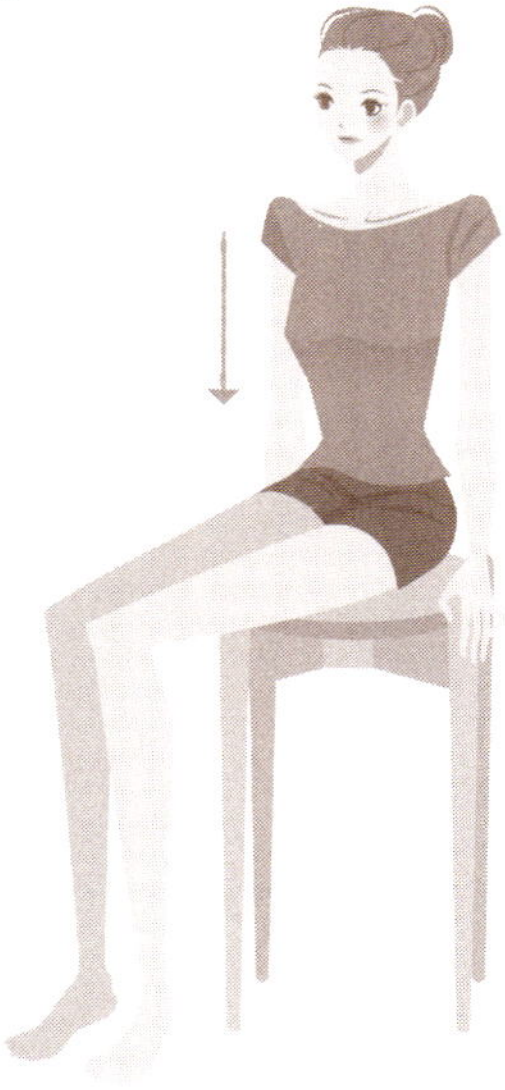

2

両腕を自然に下ろします。その状態から両肩をできるだけ高く引き上げていき、スッと力を抜いて両肩をストンと下におろす。

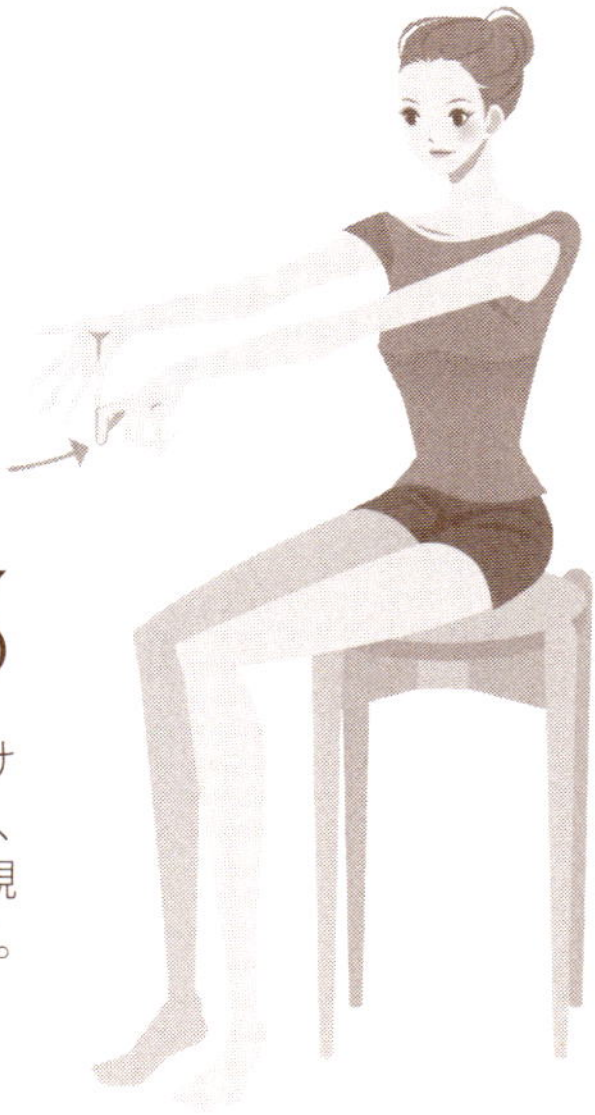

3

右腕を手の平を上に向けてまっすぐ前へ伸ばし、左手を添えて小指から親指まで順に反らします。左も同様に行なう。

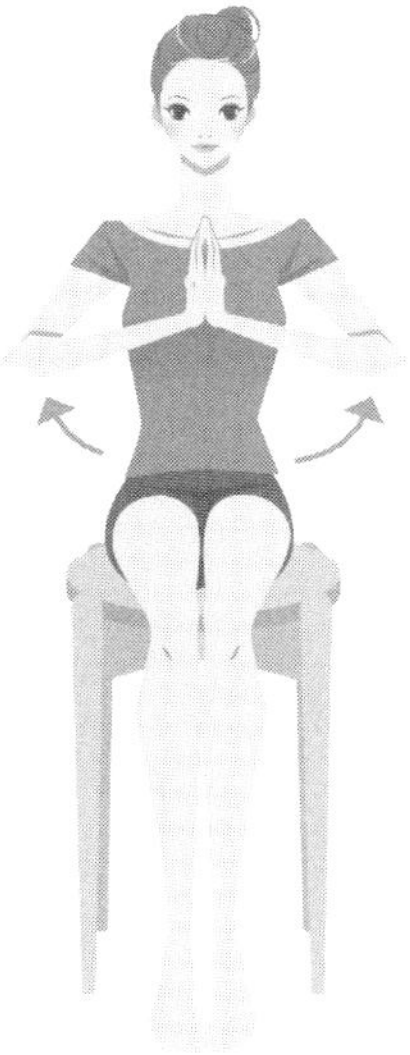

4

胸の前で手を合わせ、５秒数えながら両ひじが床と水平になるまでゆっくり引き上げ、ストンと力を抜きます。この動作を３回繰り返す。

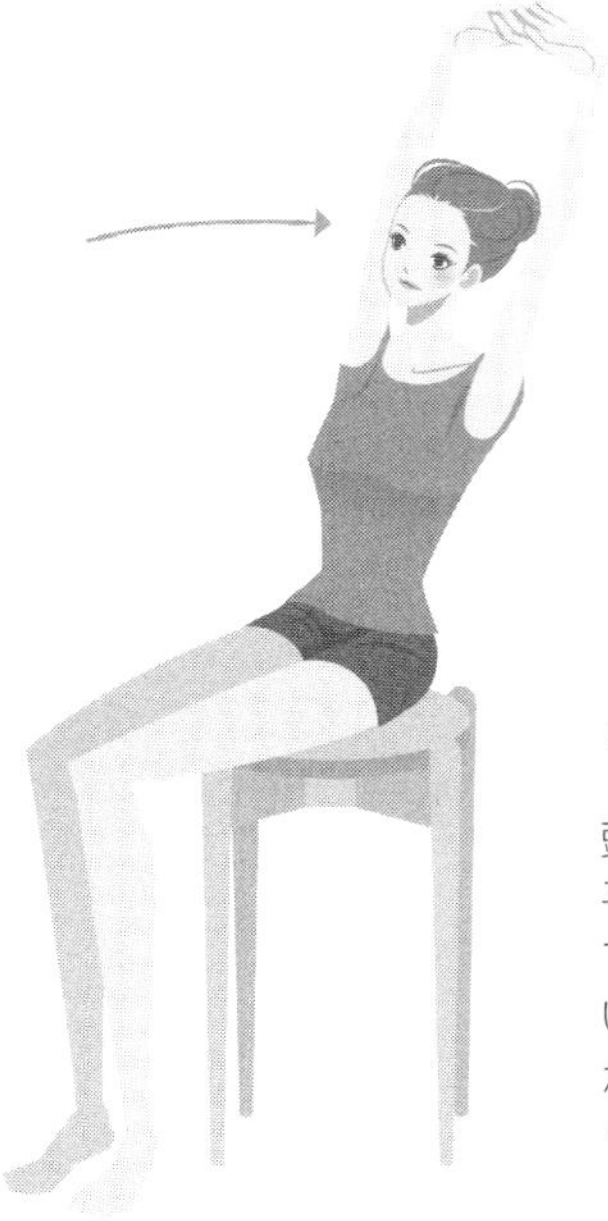

5

頭の上で両手を組み、手の平を上にして、ゆっくりとできるだけ上に引き上げていきます。そのままの姿勢から、腕と胸を後方にゆっくり３回反らす。

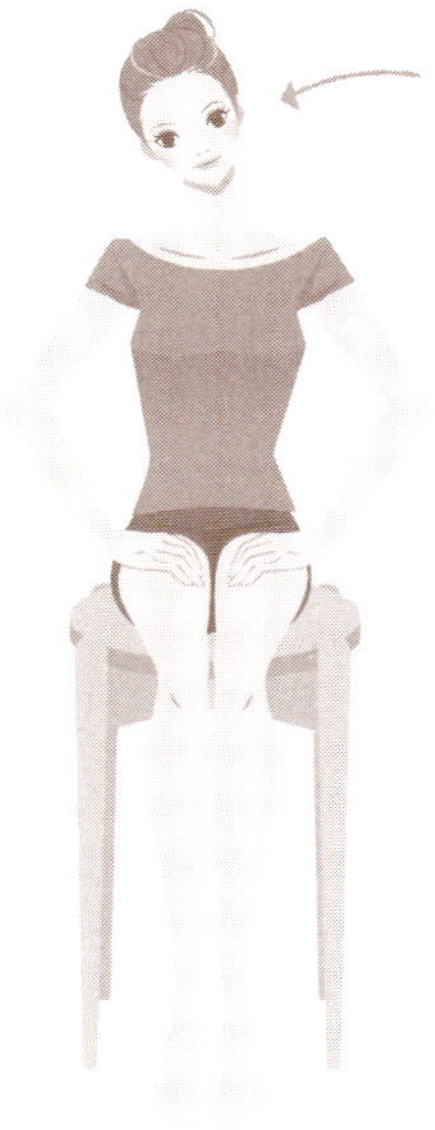

6

背筋を伸ばしたまま首をゆっくり右へ傾け、最大のところで5秒数える間キープします。次に、首を左に傾けて5秒数える間キープ。右左交互にこの動作を3回繰り返す。

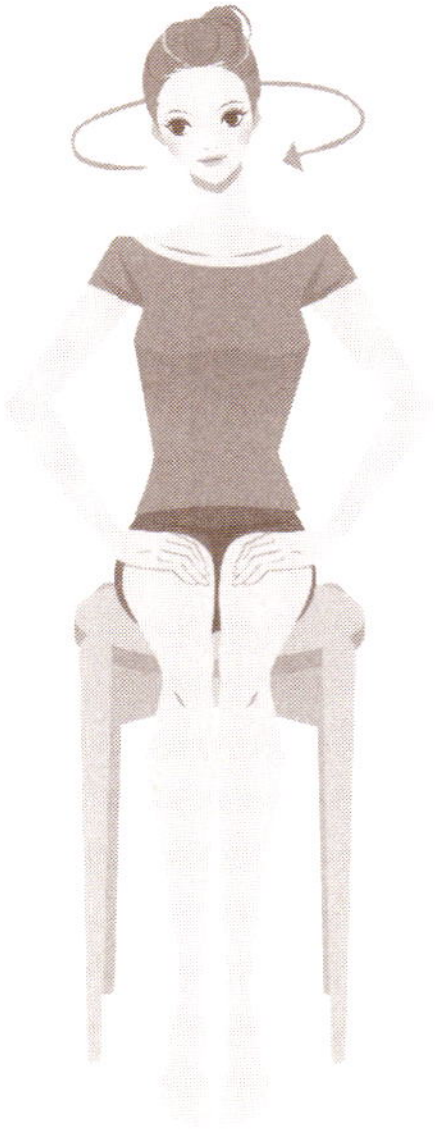

7

首をゆっくり右に3回、左に3回まわす。

8

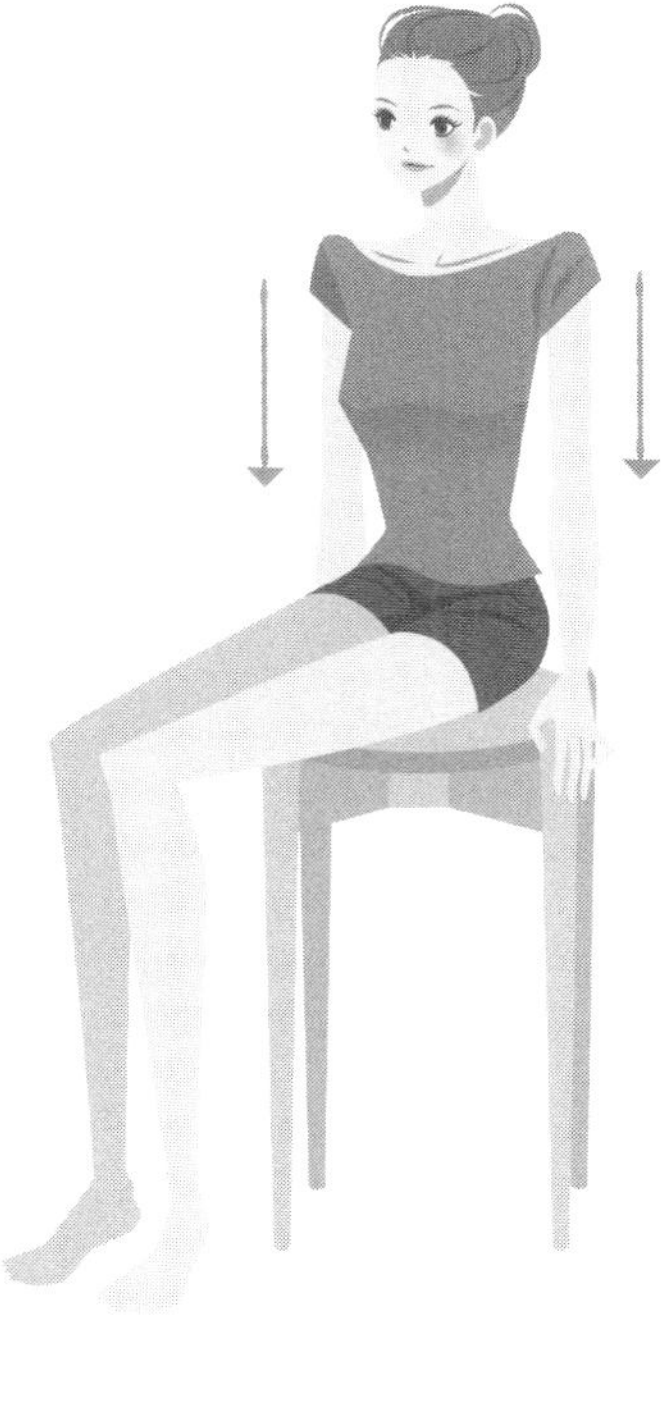

2と同様に、両肩を真上に引き上げ、ストンと下ろす動作を３回繰り返す。

9

両足を揃えて床と水平になるまでゆっくり上げ爪先を伸ばす。次に、爪先を垂直方向に引き上げ、ゆっくり2秒数える間キープ。さらに、爪先を自然な状態に戻し、足を少し開いて、両足首を外側に3回、内側に3回まわす。この足首を回す動作を3回繰り返す。

全顔フェイスニング

時間がないときはこれだけでもOK。ウォーミングアップとしても使えます。

1

軽く目を閉じ、頭のてっぺんから、額、頬、口の周囲、アゴ、首の順に、水が流れ落ちていくようなイメージで力を抜いていき、顔の筋肉をすべてゆるめる。

2

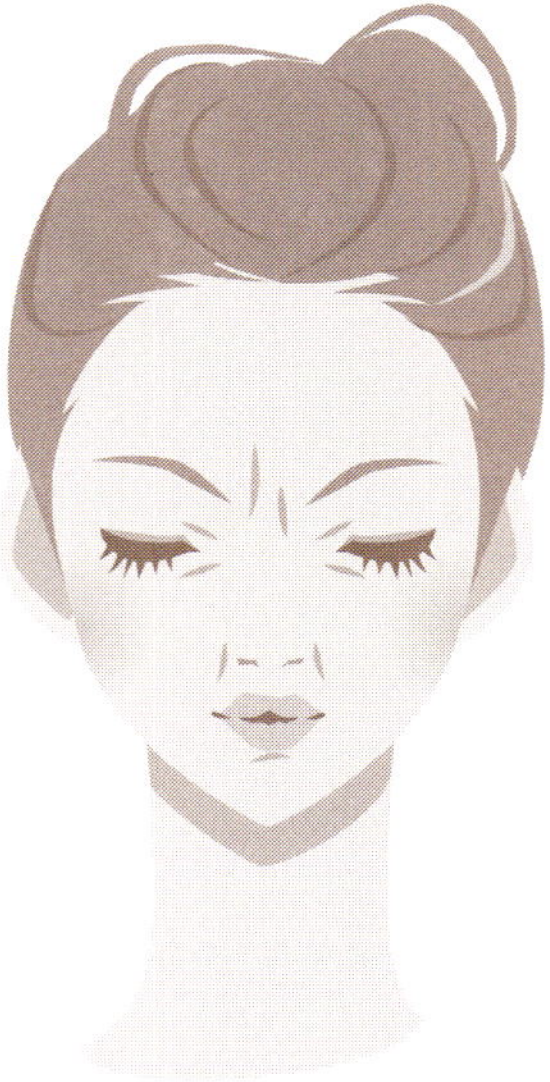

目を軽く閉じ、唇をとがらせ気味にして、顔中の筋肉をジワーッと中心部（鼻の頭あたり）に集めます。次に、再び目を軽く閉じた状態に表情を戻す。

3

眉を引き上げながら、鼻の下を引き下げて、顔をタテに最大限に伸ばしていきます。次に、ゆっくりと自然の表情に戻す。2～3を3回繰り返す。

第3章

顔が生まれ変わる実感
基本フェイスニング

目元、頬、口元、あご、首
——筋肉のバランスが決め手です

基本フェイスニング 1 目

上眼瞼（じょうがんけん）の運動

上まぶたの筋力をアップしてキリッと目元

目のまわりの筋肉は、まばたきなどで絶えず動いていますが、だからといって無意識な動きだけでは、筋肉をすべて使いきっているとはいえません。フェイスニングで意識的に動かすと、デリケートな上まぶたが強化され、たれ下がりやシワも防止。目元がすっきり変化します。

1 上まぶたを下げていく

「1、2、3、4、5」と、ゆっくり5秒かけて。意識は上まぶたの筋肉のほうに集中させて、下まぶたにつく一歩手前でキープし、うす目を開けた状態になる。

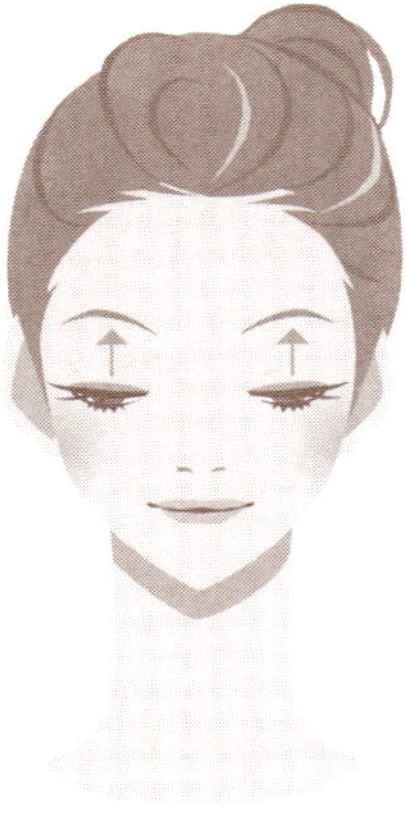

2 目を細めたまま、両方の眉を左右同時に上げる

真上に向かって5秒かけて引き上げていく。上まぶたの筋肉が引き上がっていく感じをイメージしながら、がコツ。上がりきったところで5秒キープし、ゆっくり自然な表情に戻す。

×3 1～2をスムーズに3回くり返して下さい

基本フェイスニング2　頬

頬筋（きょうきん）の運動

たるみやすい頬の下側をキュッと引き締め

頬は顔のなかでいちばん脂肪の多いところ。すぐ太りやすいので、たるみをおさえる頬筋を強化しておきましょう。耳の下にある上下のあごの接点あたりから、口の両側にかけて走るこの筋肉は、空気を強く吸い込んだり、食物をかむのを助けるのに活躍します。この筋肉がゆるむと、たるんだ肉がだぶついて自分の頬をかんでしまうことも。

1 唇を閉じて、口をとがらせた状態でゆっくりと前に突き出す

頬に含まれていた空気を5秒かけてゆっくり吸い込んでいく。なかの空気を残さず吸い込むような要領で。

2 歯と頬の粘膜がピタッとついたら、5秒キープ

頬の筋肉の動きをイメージして。

3 唇をすぼめたまま、ゆっくりと頬に空気をため込んでいく

これ以上ふくらまないという最大のところで5秒キープ。そのあとゆっくり空気を吐き出し、自然な表情に戻す。

×5 1～3をスムーズに5回くり返して下さい

基本フェイスニング3 口

上唇挙筋(じょうしんきょきん)の運動

やさしく魅力的な口元
ふっくら唇を実現

魅力的な口元は、ふっくらした唇、そして適度な緊張感がなければ生まれません。そこで、上唇と頬のラインを同時に引き締めるためのフェイスニングを。口元と頬は隣同士なだけに深く関連し、頬のたるみが目立ってくれば、上唇がその影響をもろに受けてふくよかさが失われてしまいます。頬のサスペンダー的な働きをする上唇挙筋を鍛えれば一石二鳥です。

1 口を軽く閉じ、唇の赤い部分が見えなくなるまで、5秒かけて内側へ巻き込む

口裂が一直線になるように意識して。最初は鏡でチェックしながら行ない、感覚をつかんで。

2 一文字のまま口のまわりを緊張させ、そのまま下唇だけを指1本入るくらい開く

この状態で、5秒キープ。その際、口角はあげないようにし、あくまでも下唇だけを動かすのがコツ。

3 上唇は動かさないまま、開いていた下唇を静かに閉じる

次に、巻き込んであった唇の緊張をゆるめ、ゆっくり自然の表情に戻して。唇の赤い部分が、見えるようになる。

×5 1〜3をスムーズに5回くり返して下さい

基本フェイスニング4　あご

オトガイ筋・オトガイ横(おう)筋の運動

たるみを撃退して
シャープな輪郭をめざす

あごは、重力の影響を受けてたるみやすいうえ、脂肪もつきやすく輪郭がくずれる原因。そこで、まずマスターしておきたいのがこの運動。オトガイ筋（下唇の下からあごの先端に伸びる筋肉）とオトガイ横筋（あごの左右に横に伸びる筋肉）の二種類の筋肉が同時に鍛えられるので、効果てきめん。

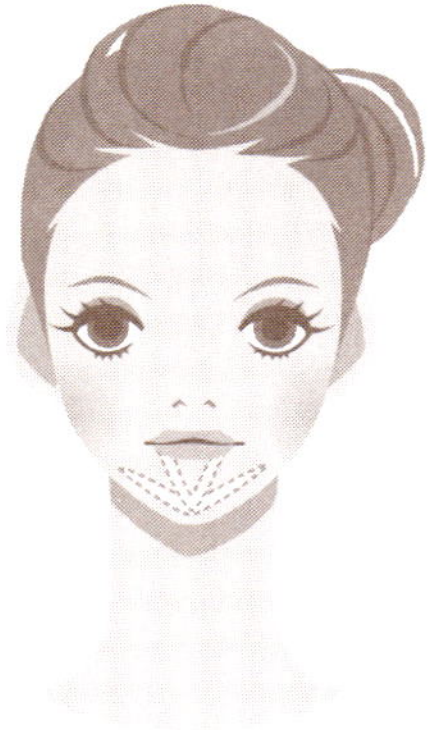

1 唇を軽く閉じたまま、あごを軽く上げる

この段階から、オトガイ筋とオトガイ横筋に意識を集中させるようにします。

2 下あごを鼻の頭に向けて引き上げて、オトガイ筋を上に向けて締める

上唇を動かさないで、5秒かけてゆっくり行うこと。次に横筋をあご先に向かって締めたら5秒キープ。次に、5秒かけて1の状態に戻す。

×5 1～2をスムーズに5回くり返して下さい

基本フェイスニング5 首

広頸筋（こうけいきん）の運動

年齢がかくせないところ
すっきりラインで美しく

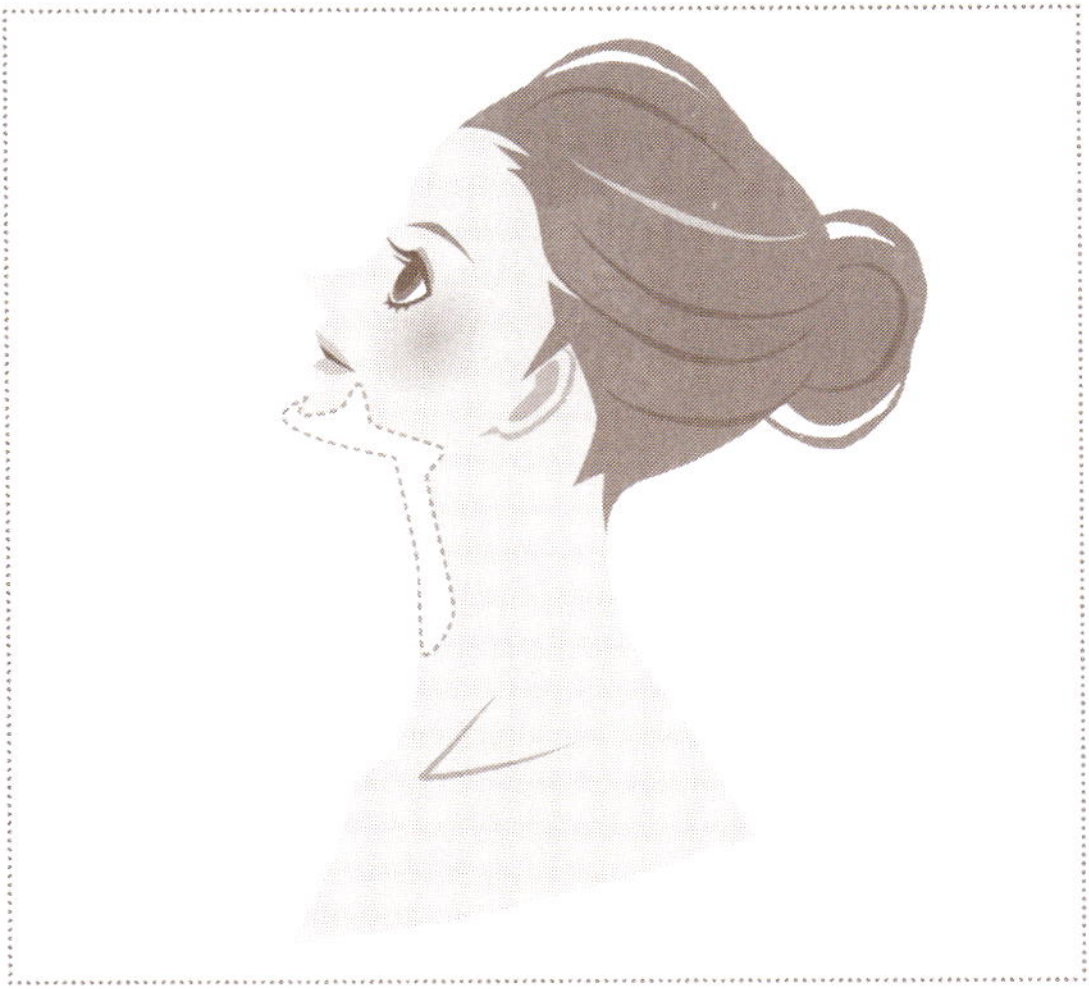

首は体重の約10パーセントといわれる頭の重さを支えていることをお忘れなく。とてもデリケートな場所なので、ほうっておくと、早くからシワやたるみが出てきます。特に、うつむきかげんがクセになっている人は、シワになりやすいので注意。下あごの裏側から首の全面にかけて広くおおっている広頸筋を鍛えて、すっきりしたラインをつくりましょう。

1 5秒かけてゆっくり顔を上に向けていき、天井と水平になるところで止める

注：首を痛めている人は無理しないで

ふだんは首を伸ばすことより曲げることの方が多いけれど、思いきり伸ばしてみると、これだけで効いてる感じがします。

2 顔を天井に向けたまま、下唇を5秒かけて突き出していく

広頸筋の存在を意識し、筋肉の動きをイメージすることでより効果がアップ。

3 上唇も5秒かけて突き出していき、最大限のところで5秒キープ

この時、ちょうどエサを求める小鳥のようなかっこうになる。このあと、ゆっくりと顔を正面に戻していきます。

×3 1〜3をスムーズに3回くり返して下さい

第4章

理想の肌と顔を目指す！応用フェイスニング

シミ、シワなしの肌、小さい顔、ゆがみ解消…自分だけのプログラム

たるみを防止して若々しく

① 下眼瞼（かがんけん）
② 顎舌骨筋（がくぜつこつきん）
③ 小頬骨筋（しょうきょうこつきん）
④ 舌筋（ぜっきん）

目の下のたるみは、顔を一気に老けさせる

筋肉の弾力性とは、伸びる働きと縮む働きのふたつを合わせたもので、表情筋に弾力性があれば、肌もピンと張ってハツラツとして見えます。ところが、筋肉は使わないと弾力性が失われるので、運動量が少ないと当然たるみは起こってきます。たるんでも元に戻す力が働かないから、そのまま筋肉はますます下垂していくでしょう。

なかでも早くからたるみが目立ちやすいのが、あごや頬のライン。そして目の下のたるみは、20代後半頃の女性でも気にする人がいます。そもそも目のまわりは乾燥しがちで、早くから老化が目立つ危険ゾーン。油断するとたるみをはじめ、シワ、クマなども目立つようになり、老け顔へとまっしぐら。目の下

に小さな丘のような段のついた人を見かけますが、これは、両目の目尻よりにある脂肪のかたまりが、支えきれずに押し出されてきたもの。いわばなだれ現象のようなものです。

一か所がたるめば、他にも影響が

また、頬のたるみも、頬だけのたるみにとどまらず、口元までも巻き込んで顔のラインをくずします。頬の筋力が弱ると、顔の中心に向けて押し寄せるようにたるみが起き、これによって、小鼻の横から口の両端へ向けてできるミゾ（鼻唇溝《びしんこう》）を深くするのです。

ミゾがしっかりと刻まれた顔は、想像しただけでも老けた感じがするでしょう。顔の筋肉はそれぞれ関連しているため、一か所がたるめば、他にも影響が及ぶから油断大敵です。

たるみはフェイスニングで弾力性を高めれば、予防できます。伸びる力と縮む力とをバランスよく鍛えることが第一歩。

応用フェイスニング

たるみを防止して
若々しく

① 下眼瞼（かがんけん）の運動

デリケートな下まぶたに注目
目の下のたるみを予防する

目の下のたるみやシワは、老け顔を強調する最たるもの。でも、下まぶたは上まぶたに次いで皮膚が薄く、しかも乾燥しやすいため、気をつけないと老化が早くすすむので注意。下まぶたの筋肉はふだんほとんど動かさないだけに、最初はちょっと難しいけれど、運動を始めると意外に早く効果があらわれます。早い人で約２カ月。たるみの気になる人はさっそく挑戦！

1

唇を軽く開け、その状態で鼻の下をぐっとのばす

顔は正面に向けて。顔の上半分が引っ張られ、下まぶたの筋肉がわずかに下がっていくのがわかるはず。

2

あごをぐっと引きながら、目はできるだけ上のほうを見る

下まぶたが上と下の両方から引っぱられ、ピンと伸びていくのがわかります。ふだん動かさないだけに、効いてる感じが。

3 次に下まぶたを5つ数えながらゆっくりと引き上げていく

最初はちょっと難しく感じるけれど、垂直に引き上げる感じで行うのがコツ。目が完全に閉じない状態まで引き上げたら、5秒間キープし、ゆっくりと自然の表情に戻す。

×3 1～3をスムーズに3回くり返して下さい

応用フェイスニング

たるみを防止して若々しく

② 顎舌骨筋（がくぜつこつきん）の運動

イヤな二重あごを徹底マーク
首のラインに自信がつく

あごのたるみはヤセていれば起こらない？　答えは「No!」。筋肉が弱っていれば、誰だってあごの周辺がたるみ、二重あごになる可能性が大いにあります。それで、意外と見落としがちなのが、あごの下側のライン。この部分は、常に陰になっていて目に入りにくいけれど、実はたるみやすいのです。顎舌骨筋は、舌とつながる筋肉です。物を飲み込む筋肉を鍛えるこのフェイスニングで、首の筋肉も締まり、あごから首のラインがすっきりします。

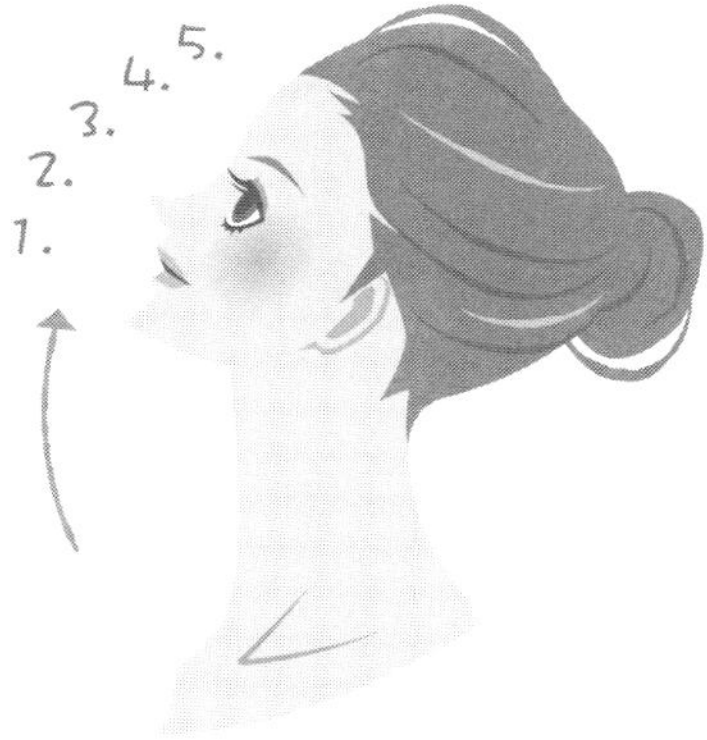

1

口を閉じた状態で、顔を５秒かけてゆっくりと天井のほうに向けていく

注：首を痛めている人は無理しないで

天井を仰ぎ見るようにしてストップ。あごの下の筋肉が伸びていくことを実感して。

2

「1、2」と心のなかで数えながら、口を軽く開き、舌を天井に向けて突き出す

そのまま５秒キープ。舌はとがらせ、上に向かってつき上げるような感じで行なう。

3 今度は「1、2」で舌を引っ込め、口を閉じる

舌を引き上げたり、引っ込めたりすると、その筋肉の動きがわかるはず。最後にあごをゆっくりと下げていき、頭を自然な位置まで戻す。

×3 1～3をスムーズに
3回くり返して下さい

応用フェイスニング

たるみを防止して
若々しく

③ 小頬骨筋（しょうきょうこつきん）の運動

**太りやすい頬のたるみをおさえて
フェイスラインを美しく**

顔の広い面積をしめる頬にたるみが起こると、そのたるみは中心部にどっと集中し、口のラインまでくずれていってしまいます。また、頬はもともと脂肪細胞が多くて太りやすいところ。表情筋を鍛えないまま太らせておけば、いずれ持ちこたえられなくなり、下垂していきます。目尻の少し下から、上唇の皮膚に向かって、斜めに走る筋肉を強くすると、引き締まったはじけるような頬へと変身。

1

唇を閉じ、両方の口角をゆっくりと引き上げていく

笑顔をつくった時の形になります。

2

唇は閉じたまま、さらに右の口角を５秒かけて斜めに引き上げていく

ゆっくりと行ない、目尻の下から上唇に走る筋肉の動きをイメージ。引き上がっていく感じをつかんで。

3 右の口角を引き上げたまま、今度は右目を５秒かけてゆっくり閉じる

そのままの状態を５秒キープ。口角を下げ、目を開けて自然の状態にゆっくりと戻す。右が終わったら、左も同じように。縮む、伸びるをバランスよくくり返すことが大事。

×3 1～3をスムーズに3回くり返して下さい

応用フェイスニング

たるみを防止して
若々しく

④ 舌筋（ぜっきん）の運動

美人の素ともいえる、だ液の
分泌もよくなる

今はさほど気にならない口元のハリのなさやたるみ。ほうっておくと将来、唇の上の小ジワにつながります！　舌を使うだけの簡単エクササイズで、今から備えを始めましょう。ドライマウスや歯ぐきのベタつきなど、口中のトラブル解消にも効果的です。

1

口を軽くあけて、舌を突き出す

舌先に力を入れながら、唇に触れないように突き出します。

2

突き出した舌の力をゆるめる

ただし、口は閉じてしまわないこと。

3

舌を口に戻して下唇と歯ぐきの間に入れ、3回なぞる

唇と歯ぐきの間に舌を入れて、左になぞること。上唇と歯ぐきの間も同様に3回なぞります。

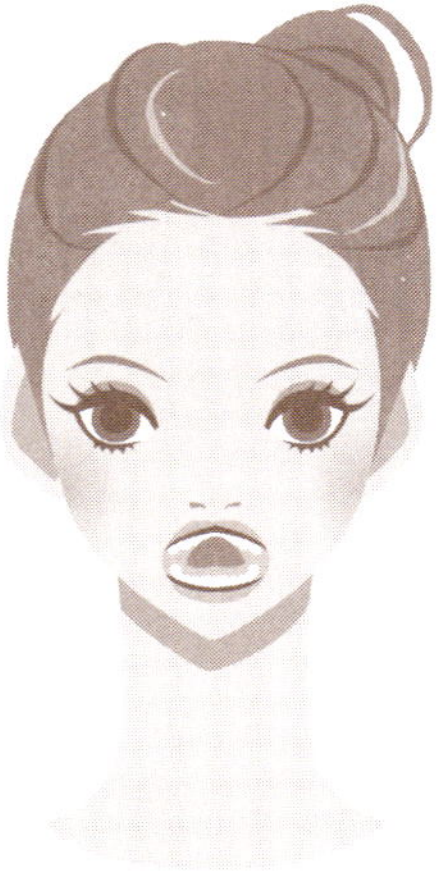

4

舌を上唇と歯ぐきの間において、そのまま舌をいつもの位置に戻す

×3 1～4をスムーズに3回くり返して下さい

シミを解消してすきとおった肌に

大頬骨筋（だいきょうこつきん）

体調の悪さもシミとなってあらわれる

顔にシミを発見！　となれば、多くの人はあわててホワイトニング化粧品を使ったり、ファンデーションを厚く塗るなどして、何とか目立たなくしようと考えるでしょう。

ただし、化粧品ではシミを隠し、一時的に目立たなくすることはできても、元から治すことまではできません。まず、根本的な原因をさがすことからシミ対策を始めたいもの。

シミの原因は、極度の日焼けをはじめ、ホルモンのアンバランス、肝臓障害などさまざま。また、睡眠不足が続いたり、精神的な疲労が重なっている時もシミが濃くあらわれることがあります。

そもそも、シミとはメラニン色素が増大し、皮膚のなかに沈着して起こるもの。肌の新陳代謝が活発な20代前半頃までは、日焼けをしても、時間がたつと元の白い肌が戻ってきます。ところが、年齢を重ねると代謝もスムーズではなくなります。

フェイスニングでシミは目立たなくできる

シミを予防し、目立たなくするには、紫外線や疲労を避けるなど、日常生活のなかで気を配っていくことがまず大切。そして、併用してぜひともやっていただきたいのが肌の内部に働きかける表情筋の運動、フェイスニングです。

とくに効果的なのは、シミができやすいこめかみから頬にかけての筋肉を鍛えるフェイスニングです。これによって血流やリンパの流れがよくなり、新陳代謝が活発になるため、できてしまったシミを目立たなくすることも可能なのです。少なくとも、それ以上シミが大きくなったり、濃くなって目立つことは避けられるでしょう。

応用フェイスニング

シミを解消して
すきとおった肌に

大頬骨筋（だいきょうこつきん）の運動

シミになりやすいゾーン・頬
筋肉を鍛えて新陳代謝アップ

大頬骨筋が走る目尻の横から、唇の両側にかけてのラインは、ちょうどシミができやすいゾーン。そこで、この筋肉を鍛えて肌の新陳代謝を活発にすれば、シミを目立たなくすることができます。化粧品で外側からガードするだけでなく、内側にも刺激を与えて、肌を美しくしましょう。ダイナミックに笑う時にも働く筋肉だから、日頃からよく笑ってどんどん動かすこと。

1

顔はまっすぐ正面を向け、口を軽く縦方向に開ける

頬の筋肉を意識しながら行なうこと。

2

5秒かけて、思いきり口角を引き上げていく

その際、歯と頬の粘膜との間に空間ができるように。頬がピンとはった状態のところで5秒キープ。ゆっくり自然の表情に戻す。最初は目も一緒に動いてしまいがちですが、慣れれば頬の筋肉だけを動かせるようになります。

×3　1～2をスムーズに3回くり返して下さい

シワを予防して肌を美しく

①皺眉筋（しゅうびきん）
②眼輪筋（がんりんきん）

表情ジワと永久ジワは別物です

ひと口にシワといっても、老化によるシワと、笑った時などにできるシワは、同じではありません。「表情ジワ」はこれはあくまでも一過性のもの。表情をつくった時の皮膚のゆがみを吸収する形でできるもので、元の表情に戻れば消えてしまいます。シワと似たものにミゾがありますが、これは生まれながらに存在するもの。鼻の下から上唇の山にかけての人中《にんちゅう》などがそれで、こちらはシワとは区別されています。

女性にとって嫌なのは永久ジワですが、つくらないためには、表情ジワを変に気にせずに、表情筋をたくさん動かすこと、これが何より大切です。目のまわりの小ジワ、いわゆる「カラスの足あと」は年齢とともに気になるようになります。笑うとこのシワが増えるのではと思っている人がいますが、前にも触れた通り、そんなことはありません。笑顔を避けるのでなく、積極的に筋肉を動かして、弾力性を高めることこそがシワ対策であり、予防でもあるのです。もちろんフェイスニングで内部から老化を防ぐとともに、乾燥や紫外線から肌を守るスキンケアも欠かせません。

眉間のシワもくせになれば永久ジワへ

眉間に縦ジワを寄せるくせのある人がいますが、永久ジワをつくりたくなければやめたほうがいいでしょう。筋肉に弾力性があるうちは、シワを寄せてもすぐ元に戻ります。

ところが弾力性がなくなると、自然の表情でいてもシワが消えなくなり、しだいに深く刻まれていってしまうのです。まだ浅いうちなら目立たなくすることは可能。永久の眉間のシワになる前に、表情筋を鍛えましょう。

応用フェイスニング

シワを予防して
肌を美しく

① 皺眉筋（しゅうびきん）の運動

眉間の運動で縦ジワを防止
顔立ちパッと華やか

辛いことや嫌なことがあると、自然と眉間にシワが寄ってしまうもの。ここの筋肉に弾力性があるうちは、シワもすぐ伸びるけれど、弾力を失えばふつうの時も縦ジワが消えなくなってしまうので注意。顔の印象はどんどん暗くなっていきます。このフェイスニングでは、あえて眉間にシワを寄せることで、シワを予防。眉間にハリが出て、顔全体が明るくなります。ただし視力が弱くてしかめっ面になっている人は、視力矯正を先に。

1

眉と眉を内側下方向に5秒かけて引き寄せていく

鼻の上部のつけ根あたりから、両方の眉毛の真ん中のほうに伸びる皺眉筋を鍛えます。まず、わざと眉間に縦ジワをつくる要領で行なう。

2

目を細めたまま、両方の眉だけを斜め外側上方へ5秒かけて引き上げていく

眉山を外に引くような感じで行ない、5秒間キープ。これによって眉間がぐっと広がり、縦ジワも伸びていく。最後にゆっくりと自然の状態に戻す。

×3 1～2をスムーズに3回くり返して下さい

応用フェイスニング

シワを予防して
肌を美しく

② 眼輪筋(がんりんきん)の運動

目のまわりの小ジワ対策ならコレ
老け顔脱皮で表情もイキイキ

目のまわりの皮膚は、顔のなかではいちばん薄く、しかも汗腺や皮脂腺がほとんどなく乾燥しやすいところ。弾力がなくなると一気にシワが増加します。フェイスニングとスキンケアを併用して、ハリのある目元をキープしましょう。シワをまったく避けることは難しいけれど、目のまわりの筋肉を強化するフェイスニングで鍛えておけば、数年後にはっきり差が出ること間違いなし。表情も明るくなります。

1

まっすぐ正面を向き、前方を見る

目をキョロキョロさせないで、前だけ見るように。

2

下まぶたを引き上げていくような要領で、目を少しずつ細めていく

目のまわりに眼輪筋があることを意識し、その動きをイメージしながらゆっくりと行なう。目以外の部分は動かさないように。

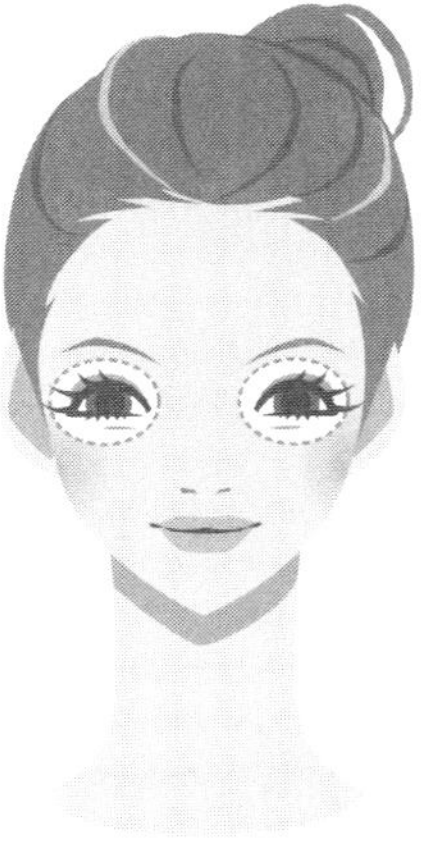

3　目を閉じる一歩手前でキープし、緊張させたまま５秒キープ

そのあと、ゆっくり１の表情に戻す。目のまわりは筋力が弱く、運動すると疲れやすいもの。無理せず、疲れたら休むこと。

×５　１〜３をスムーズに５回くり返して下さい

顔をキュッと小さく引き締める

①顎舌骨筋（がくぜつこつきん）
②咬筋（こうきん）
③小頬骨筋（しょうきょうこつきん）

笑わない、かまない、が締まらない顔を

顔のシャープさの決め手となるのは、特に頬やあごのライン。ところが、この部分ほど油断するとポッテリしやすく、輪郭のぼやけた締まりのない顔になってしまうから困ったもの。どうしてそうなるのでしょう？

まず頬は、そもそも顔のなかでも面積が広く、ラインのくずれが目立ちやすいところ。

そこで、小頬骨筋という筋肉などがサスペンダーのように働いてそれを阻止しています。

ただし、筋肉を動かさずにいるとサスペンダーの力が弱まってしまい、いず

れ頬がデレッとたるんできてしまうわけ。表情が乏しい人は特にその危険ありです。

また、食物をかむ時に働く咬筋が弱っていると、横顔に締まりがなくなってきます。

最近では、食生活の変化で、やわらかい物が好まれる傾向にあるため、咬筋がなかなか鍛えられません。固い物を積極的に食べる、よくかんで物を食べる、という基本的なところから見直していきたいですね。

重力に逆らわないと、ボケ顔になる⁉

二重あごの悩みも多いけれど、これは、あごの筋肉の性質にも原因があります。

まず、物を飲み込む時に働く顎舌骨筋は、とても重力の影響を受けやすいため、気を抜くとすぐたるんできてしまうのです。

重力に対抗できる強い筋力をつけなければ、ポカンと口を開けた時のような間の抜けた顔になってしまいます。また、下あごは重力の力によってでも下げることができるため、筋肉を十分に使う必要がないためです。

重力の力にまかせきりではボケ顔になる一方、と覚えておきましょう。

応用フェイスニング

顔をキュッと
小さく引き締める

① 顎舌骨筋(がくぜつこつきん)の運動

あごから首へのラインが
シャープに変わる

あごの下側にあり、舌とつながっているのが顎舌骨筋。物をゴクンと飲み込んだり、舌を押し上げたりする時に働いています。あごの陰になっていて、地面とはほぼ平行の位置にありますが、問題は重力の影響を受けやすいということ。筋力が少しでも落ちると、フェイスラインがくずれやすいのです。あごの下側の筋肉が強化されると首の筋肉も締まり、あごから首のラインがすっきりします。

1 口を閉じた状態で、顔を5秒かけてゆっくり天井のほうに向けていく

注：首を痛めている人は無理しないで

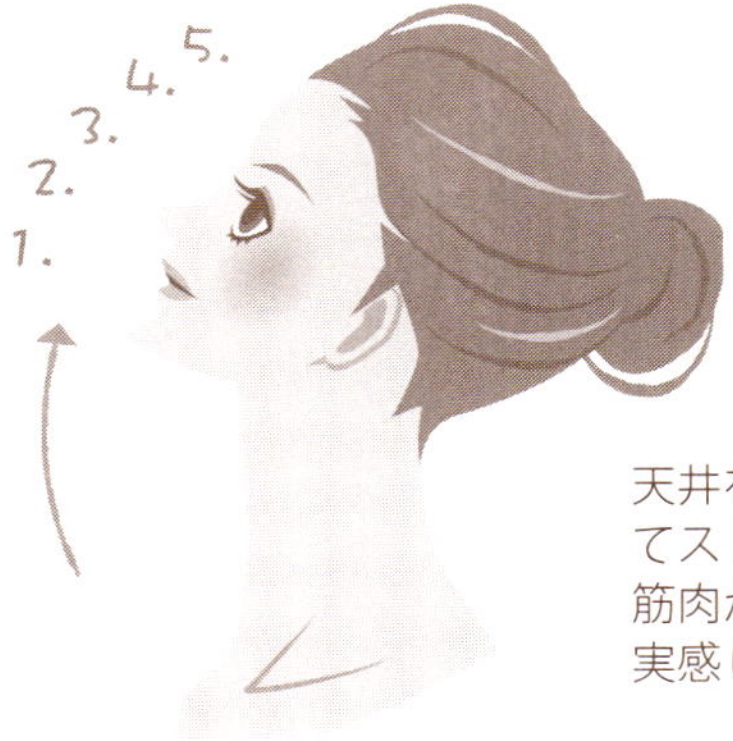

天井を仰ぎ見るようにしてストップ。あごの下の筋肉が伸びていくことを実感して。

2 口を軽く開き、舌を天井に向けて突き出す

「1、2」と心のなかで数えながら。突きだしたらそのまま5秒キープ。舌はとがらせ、上に向かってつき上げるような感じで行なう。

3 今度は「1、2」で舌を引っ込め、口を閉じる

顎舌骨筋は、舌とつながる筋肉です。舌を引き上げたり、引っ込めたりすると、その筋肉の動きがわかるはず。最後にあごをゆっくりと下げていき、頭を自然な位置まで戻す。

×3 1〜3をスムーズに3回くり返して下さい

顔をキュッと
小さく引き締める

② 咬筋（こうきん）の運動

かむ筋肉をもっと鍛えて
フェイスラインをスッキリ

「横顔に何となく締まりがないな」と感じている人は、咬筋（頬骨の下あたりから始まり、エラのほうに向かって縦に続く筋肉）が鍛えられていない可能性大。食物をかむ時に活躍する咬筋は、咀しゃく筋ともいわれ、かめばかむほど多くのメリットがあります。この筋肉を強化することで、横顔もすっきりシャープに。また、かむ行為で脳細胞が刺激を受け、ボケ防止にもなる、歯ぐきの健康を保つ……といった効果もあります。

1　奥歯を軽くかみ合わせ、唇を軽く閉じる

意識は目的の筋肉のほうに集中させていく。

2

唇は動かさないで、奥歯にギュ〜ッと力を加えていく

５秒かけて、だんだんと奥歯をかみしめていき、また５秒かけて１の状態に戻します。力の入れ方さえ覚えればとっても簡単。

×3
1〜2をスムーズに3回くり返して下さい

▼ポイント
咬筋の動きは、顔の外側からでも確認できます。歯をくいしばった時に出る、エラの部分の盛り上がりがそれ。フェイスニングをやりながら、実際に手で触ってみると、筋肉がどう動くかわかります。

応用フェイスニング

顔をキュッと
小さく引き締める

③ 小頬骨筋（しょうきょうこつきん）の運動

**頬を引き上げる効果を高め、
口元のラインまでシャープに**

上唇挙筋（P107）と同様に、頬のサスペンダー的な働きをするのが、小頬骨筋。目尻の少し下から、上唇に向かって斜めに走っていて、頬と共に上唇を引き上げる役目があるので、鍛えておかないと、頬から口もとにかけてのラインがくずれてしまいます。笑顔をつくる時にも欠かせない筋肉なので、表情に乏しい人は筋力が弱まってしまいがち。美しく自然な笑顔をつくるためにもこのフェイスニングを。

1

唇を閉じ、両方の口角をゆっくりと引き上げていく

笑顔をつくった時の形になります。

2

唇は閉じたまま、さらに右の口角を5秒かけて斜めに引き上げていく

ゆっくり行ない、目尻の下から上唇に走る筋肉の動きをイメージ。
引き上がっていく感じをつかんで。

3

右の口角を引き上げたまま、今度は右目を５秒かけてゆっくり閉じていく

５つ数える間、そのままの状態をキープ。

4

口角を下げ、目を開けて自然の状態にゆっくりと戻す

右が終わったら、左も同じように。縮む、伸びるをバランスよくくり返すことが大事。

×3 1～4をスムーズに3回くり返して下さい

メリハリのある豊かな表情をつくる

①眼輪筋（がんりんきん）
②大頬骨筋（だいきょうこつきん）

表情コンプレックスはめずらしくない

顔に関するコンプレックスを探ってみれば「笑顔がぎこちない」「自然に笑えない」という人が相当数いて、表情べたを自覚しながらも、コンプレックスを克服できずにいるケースが目立ちます。

表情に乏しいと表情筋の力も弱まっていき、ますます固い表情になってしまうという悪循環。いちばんのポイントは、まず表情の豊かさの決め手となる笑顔に関わる表情筋を鍛えていくことです。

笑顔を鍛えれば、表情は輝き始める

では、笑った時に働く表情筋はどこにあると思いますか？

「口の周辺の筋肉」と思った人は、ぎこちない笑いが定着しているかもしれません。自然で美しい笑いの表情は、目元や頬などにもバランスよく表れます。

実は笑顔を形づくる表情筋は目のまわり、頬、口のあたりに存在する7種類もの筋肉で、その一部しか使わないと、笑顔も不自然になってしまうのです。

たとえば、口元だけのぎこちない笑いが定着していくと、目のまわりの眼輪筋がゆるんでシャープさが失われていきます。

また、頬にある大頬骨筋は、口を大きく開き口角を引き上げる時に働きますが、大笑いすることが少ないと筋力が弱まり、笑おうとしてもうまく動かなくなります。別名「えくぼ筋」と呼ばれる笑筋の場合は、使わずにいると口の両側にふくらみが出てきてしまう、とこんな具合に、笑わないでいるといいことは何もないのです。

さっそく、これらの表情筋を鍛えて、表情を輝かせましょう。

応用フェイスニング　メリハリのある豊かな表情をつくる

① 眼輪筋（がんりんきん）の運動

印象的な表情の決め手、キラキラと輝く目を実現

目元に輝きがなければ、魅力的な表情がつくれず、その人の魅力も半減してしまいます。そこで、笑顔をつくる表情筋のひとつ、眼のまわりをだ円状に囲む眼輪筋を鍛えるフェイスニングに挑戦。目のまわりは、まばたきなど素早い動きをするために筋肉も細く、デリケートな場所です。乾燥によってシワもできやすいので、常に緊張感を忘れないで。

1 まっすぐ正面を向き、前方を見る

目をキョロキョロさせないで、前だけ見るように。

2

下まぶたを引き上げていくような要領で、目を少しずつ細めていく

目のまわりに眼輪筋があることを意識し、その動きをイメージしながらゆっくりと行う。目以外の部分は動かさないこと。

3

目を閉じる一歩手前でキープ。その状態で緊張させたまま5秒数える。

そのあと、ゆっくり1の表情に戻す。目のまわりは筋力が弱く、運動すると疲れやすいもの。無理せず、疲れたら休むこと。

×5 1〜3をスムーズに5回くり返して下さい

応用フェイスニング

メリハリのある
豊かな表情をつくる

② 大頬骨筋（だいきょうこつきん）の運動

ダイナミックに口を動かして明るく魅力的な笑顔美人に

口角をクイッと引き上げたり、大口を開けて笑う時に活躍するのが、目尻の横から、唇の両端に向かってななめに伸びる大頬骨筋です。つまり、年中大笑いしている人は、ここの筋肉が自然と発達し、薄笑いばかりの人は発達できないということ。大きな口を開けて笑うと緊張がほぐれ、精神面でもプラスに作用することが多いし、細胞が活性化して肌もイキイキ。最初は目も一緒に動いてしまいがちですが、慣れれば頬の筋肉だけを動かせるようになります。

1

顔はまっすぐ正面に
向けた状態で、口を
軽く縦方向に開ける。

頬の筋肉の中では最も大きな筋肉を鍛えるフェイスニングです。頬の筋肉を意識しながら行なうこと。

2

5秒かけて、思いきり口角を引き上げていく

歯と頬の粘膜との間に空間ができるように。頬がピンとはった状態のところで5秒キープし、ゆっくり自然な表情に戻す。

×3 1〜2をスムーズに
3回くり返して下さい

顔のゆがみをバランスよく解決する

①口輪筋（こうりんきん）
②咬筋（こうきん）
③小頬骨筋（しょうきょうこつきん）

ゆがみは口元に多くあらわれる

手に左ききや右ききがあるように、実は顔にも〝きき顔〟とそうでない顔があります。

ためしに、ちょっとウインクをしてみてください。左右とも同じバランスで動かせましたか？　どちらか一方は動かしやすいけれど、一方は動かしにくい、と感じた人が多かったのではないでしょうか。こんなことからも、私達が左右の表情筋を普段からバランスよく動かせていないことがわかります。

食事をする時も、ついかみやすい方の奥歯で物をかんでしまいがち。でも、それが習慣になってしまうと、表情筋のバランスはくずれ、見た目にも顔のゆがみが生じてきます。

特にゆがみがハッキリとあらわれやすいのが口元です。話し出すと口角が片方だけ上がる、全体にゆがんだ感じに見える、というのは、まさに表情筋の偏りのあらわれ。実は、口のまわりには、顔の筋肉の約70パーセントが集中し、これによって、複雑な動きをつくり出すことも可能になります。そして、その動きは頬やあご、首の動きとも連動することが多く、これらのうちのどの筋肉が弱っても、口元にゆがみとなって出やすいのです。

口周辺の表情筋を偏りなく使う訓練から

そこで、ゆがみ対策として徹底して行ないたいのが、口の周辺の表情筋を鍛えるフェイスニング。口やあごの筋力が弱いと、全体的に締まりのない顔になってしまうし、たるみも出やすいので、常に強化しておきたいもの。毎日物をかむ時に使う筋肉から、ふだんの生活では十分に使い切れない筋肉まで、バランスよく使う訓練をすることによって、ゆがみは解消されていきます。自分の顔のくせをチェックして、効果的にフェイスニングを。

応用フェイスニング

顔のゆがみをバランスよく解決する

① 口輪筋(こうりんきん)の運動

口元のゆがみひとつで顔の印象が大きく変わる

口の周辺の筋肉は、頬やあごの筋肉とも連動して複雑な動きをするため、何かとバランスをくずしやすい場所。口元にゆがみがあると、相手にいい印象を与えられません。これは口の周辺を輪のように囲む筋肉を鍛える運動です。口は目と並んで、豊かな感情を表現できる場所だけに、急いでバランスアップをはかりましょう。唇の色が美しくなる効果もあります。

1

顔はまっすぐ正面に向けて、口を縦に大きく開く

あたかも、カバが大口を開けた時のようなイメージで。

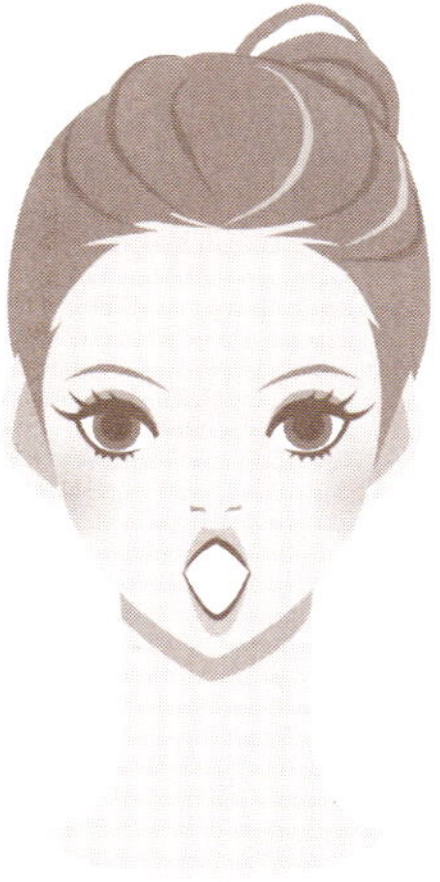

2

唇にぐっと力を入れながら、5秒かけてゆっくりと前へ突き出していく

そのまま5秒キープ。口のまわりの筋肉を緊張させ、その動きをイメージしながら行なう。

3 口のまわりに力を入れたまま、唇を口の中のほうへ巻き込んでいく

×5 1～3をスムーズに5回くり返して下さい

顔のゆがみを
バランスよく解決する

② 咬筋（こうきん）の運動

バランスよく「かむ」訓練で
根本からゆがみが直る

無意識のうちに、左右どちらかに偏った食べ方をしていると、知らないうちに顔にゆがみが出てきてしまいます。バランスよく動かす訓練を。また、かむ筋肉に力がないと、口元に締まりのないボーッとした顔が定着していきます。そうなる前に、よくかむ習慣をつけることも大切です。

1　奥歯を軽くかみ合わせ、唇を軽く閉じる

頬骨の下あたりから始まり、エラのほうに向かって縦に続く咬筋を鍛える運動です。まず、意識は目的の筋肉のほうに集中させていきます。

2

唇は動かさないで、奥歯にギュ～ッと力を加えていく

5秒かけて、だんだんと奥歯をかみしめていって。そのあと、また5秒かけて1の状態に戻す。力の入れ方さえ覚えれば、とっても簡単。

×3
1～2をスムーズに
3回くり返して下さい

▼ポイント
咬筋の動きは、顔の外側からでも確認できます。歯をくいしばった時に出る、エラの部分の盛り上がりがそれ。フェイスニングをやりながら、実際に手で触ってみると、筋肉がどう動くかわかります。

応用フェイスニング

顔のゆがみを
バランスよく解決する

③ 小頬骨筋(しょうきょうこつきん)の運動

頬のこわばりを解消して
輝きのナチュラル笑顔

顔にゆがみがあると、どんな表情をしても不自然な感じに見えてしまって損。そこで、笑顔の表情に欠かせない頬の小頬骨筋（目尻の少し下から、上唇に向かって、斜めに走る筋肉）を強化して、バランスのいい表情づくりを。この筋肉は、頬から上唇までを引き上げる役目があり、鍛えることによって、笑顔の口元も美しく変わります。笑った時に口元のゆがみが気になってしまうという人にも、効果的なフェイスニングです。

1

唇を閉じ、両方の口角をゆっくりと引き上げていく

笑顔をつくった時の形になります。

2

唇は閉じたまま、さらに右の口角を5秒かけて斜めに引き上げていく

ゆっくり行ない、目尻の下から上唇に走る筋肉の動きをイメージ。
引き上がっていく感じをつかんで。

3

右の口角を引き上げたまま、今度は右目を閉じていく

ゆっくりと5秒かけて目を閉じて。

4

口角を下げ、目を開けて自然の状態にゆっくりと戻す

右が終わったら、左も同じように。縮む、伸びるをバランスよくくり返すことが大事。

×3 1～4をスムーズに3回くり返して下さい

筋肉の疲れによる首・肩のコリ、頭痛を解消

①僧帽筋（そうぼうきん）
②肩甲挙筋（けんこうきょきん）

筋肉の緊張状態がコリと痛みを

首や肩のコリ、頭痛といえば、多くの人がかかえている悩み。現代人の多くはストレスがたまりやすい仕事をしていたり、パソコンを長時間使う人などは、コリや痛みと無縁ではいられません。どうしてこんな症状が？　理由はいくつか考えられますが、筋肉の疲労が原因になることはとても多いようです。

ある一定の筋肉の部位が緊張し続けると、筋肉の内部を通る血管が収縮し、血行が悪くなります。これによってコリや痛みを感じるようになり、場合によっては首が回らない状態になってしまうことも。また、さらにひどくなれば頭痛を起こし、肩から上がずっしり重い状態から抜け出せなくなってしまいます。

これを避けるためには、まず疲れをためないようにし、１日の緊張はその日

のうちにほぐしておくことが大切。筋肉を積極的に動かせば、緊張もスムーズにとくことができます。コリや痛みを感じたら、特に首の筋肉の運動を集中的に行いましょう。

首のフェイスニングで、疲れを解消

首には、複数の筋肉が通っていて、お互いに作用し合うことで、頭を前後左右に、上下に、と動かしたり回したりすることができます。なかでもコリやすいのは、首の後ろから背中にかけて伸びる僧帽筋《そうぼうきん》という筋肉。コリ、痛みが慢性化しているような人は、ここを必ずマークしておきましょう。また、首の両側にある肩甲挙筋《けんこうきょきん》も、それぞれ首の動きに大きく関わり、ひんぱんに動かしておきたい部分。

運動をおこたると、コリや痛みだけでなく、シワやたるみも出てきます。美しい首のラインをキープするためにもフェイスニングを。

応用フェイスニング

筋肉の疲れによる首・肩のコリ、頭痛を解消

① 僧帽筋(そうぼうきん)の運動

首の後ろの筋肉がポイント
頑固な首・肩のコリを防ぐ

頭を支えたり上下させたり、傾けたりする時に働くのが首の後ろにある僧帽筋です。ここの筋肉が弱ってくると、自然と前かがみの状態に。姿勢が悪いと筋肉が疲労してコリをおこしやすく、運動しないとどんどん悪循環になってしまいます。フェイスニングでコリをほぐすとともに筋力を高めていい姿勢をキープしましょう。首の後ろにつきやすい脂肪もカットしてくれます。

1

最初はまっすぐ正面を向き、姿勢を正す

背筋もピンと伸ばし、意識は首の後ろの筋肉のほうへ。僧帽筋は、首の後ろから背中にかけて広い範囲で伸び、肩や上腕ともつながっています。

2

顔をゆっくりと5秒かけて前へ倒し、その状態で5秒間キープ

おへそのほうを見る要領で傾けるのがコツ。そのあと、5秒かけて顔を正面に戻します。

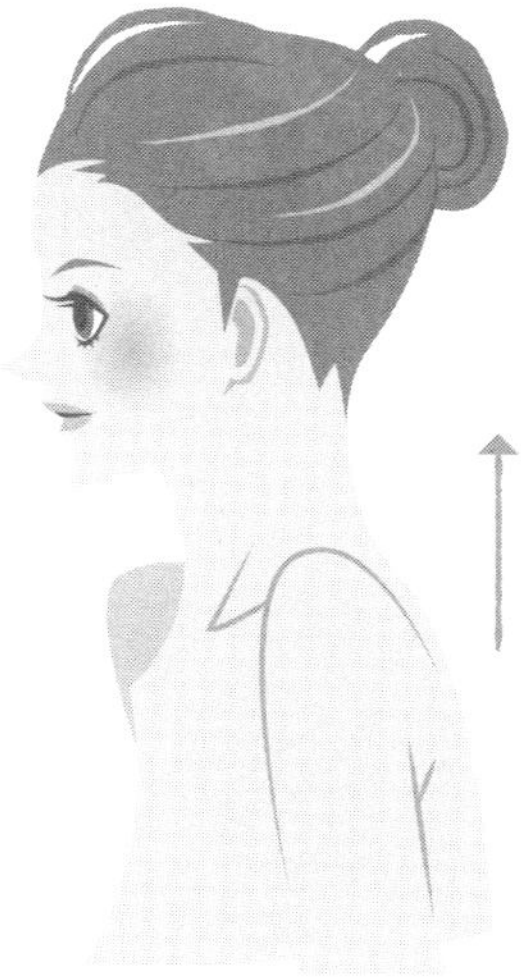

3

5秒かけて両肩を耳の近くまでぐっと引き上げていく

その状態で5秒キープ。首の後ろから背中にかけての筋肉が、動くことを実感してください。

4

肩甲骨《けんこうこつ》を縮めるようにしてまわしながら、ゆっくりおろしていく

両肩をやや斜め後ろのほうに向けて、首から背筋までピンと伸びた感じがします。

×3 1〜4をスムーズに3回くり返して下さい

応用フェイスニング

筋肉の疲れによる首・
肩のコリ、頭痛を解消

② 肩甲挙筋（けんこうきょきん）の運動

コリ症の人に必須
首すじから肩の疲れがやわらぐ

「肩が凝ったな」と感じた時は、だいたい肩甲挙筋が疲労していると思っていいでしょう。パソコンを長時間使ったり、ストレスが多い時など、まっ先にコリやすく、首すじから肩にかけてずっしり重くなってきます。少し動かしただけでも痛みを感じ、ほうっておけば、慢性化して頭痛持ちになるケースも。そうなる前にこのフェイスニングで疲れをほぐしてあげましょう。

1

まっすぐ正面を向き、頭を右肩のほうに向けてゆっくり傾けていく

背すじをピンと伸ばしてから行う。傾けられるいっぱいのところで５秒キープ。意識は首の横の筋肉へ。

2

頭を正面に戻し、今度は左肩のほうへ頭を傾けていく

首の横の筋肉がぐっと伸びていくことを実感してください。左右をバランスよく動かすように心がけましょう。

3 頭を、後ろへゆっくりと半回転させる

この時、後ろ側の筋肉は使わないようにし、あくまでも首の横の筋肉を中心に動かすこと。動かした時に痛みを感じたら、コリがある証拠です。

4 回転させていた頭が右肩の上にきたら、再び後ろへゆっくりと半回転させる

コリやすい人は、まめにこのフェイスニングを。

×3 1～4をスムーズに3回くり返して下さい

ＯＡ機器による疲れ目を解消する

眼筋（がんきん）

機械づけで目がどんどん疲れていく

パソコンに長時間向かっていると、心身ともに疲れがたまってきます。目が疲れる、肩がこる、という症状に始まり、不眠、イライラ、食欲の減退など、さまざまな不調やストレスはエスカレートする一方。最近では、スマホに夢中になり朝から晩まで画面を見続けるなんて人も。

そうなると、もろにダメージを受けるのはまず目。最近ドライアイの症状を訴える人が増えていますが、これにはちゃんと理由があります。ＯＡ機器に向かっているとまばたきの数が普通の４分の１くらいに減少し、これによって涙の分泌量も少なくなるのです。悲しい時は反射的に涙があふれてきますが、涙は常に目の表面をうるおわせ、乾燥を防ぐと同時に殺菌作用などによって目の健康を保っています。その涙の量が少なくなれば、当然目は乾いて疲れやすくなるわけです。

表情のある美しい目を取り戻すコツ

このような疲れ目、乾き目にもフェイスニングは効果を発揮します。筋肉を動かすことでツボも刺激され、疲れをやわらげることができますし、目の健康にかかせない涙をバランスよく保てるようになります。これでイキイキとした目元が復活。

機械の前ではどうしても無表情、無感動になりやすいものです。心のストレスを取り、豊かな表情を取り戻すためにもフェイスニングは効果的。機械に向かった時こそ実践です。

応用フェイスニング

OA機器による
疲れ目を解消する

眼筋(がんきん)の運動

眼球を自在に動かして
ドライアイにもうるおいを

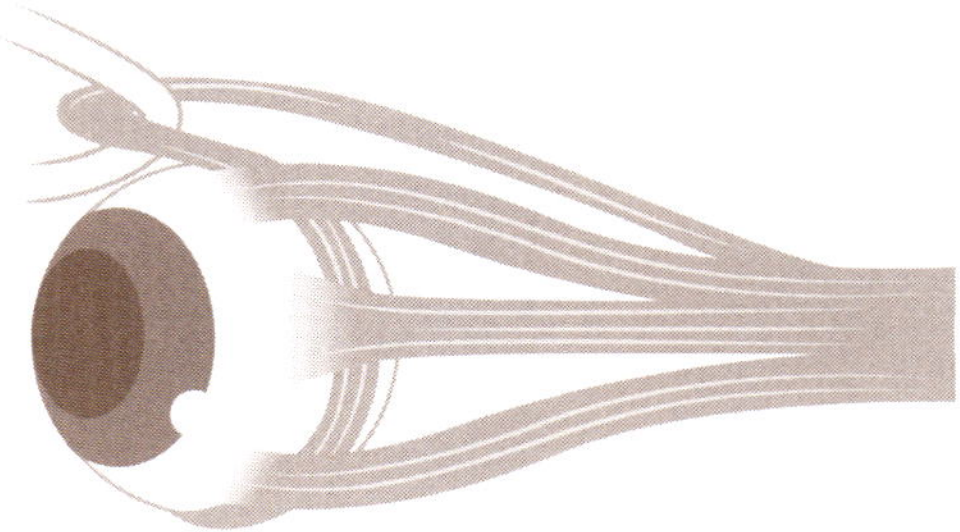

目の不快感を取り除く方法、それはまず目をできるだけうるおわせておくこと。パソコンの前では、誰でもドライアイぎみになるため、うるおい補給してあげるべきです。目薬をさすのも方法のひとつですが、動かすことが大切。眼球を動かせば、涙腺から涙がたくさん出るようになります。

1 正面をまっすぐ向き、眼球を「左、右」と交互にゆっくりと動かす

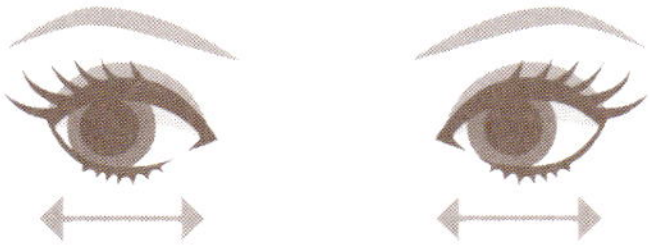

あくまで眼球だけを動かすことが大切。眼球の左右にある外直筋と内直筋が鍛えられる。

2 眼球を「上、下」と交互にゆっくりと動かす

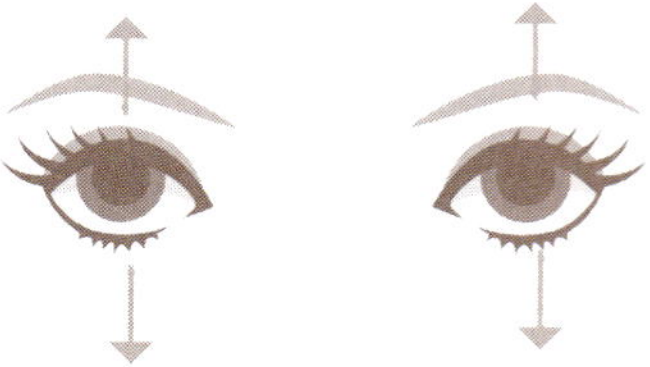

1と同じように顔は正面に向けたまま。目の上下にある、上直筋と下直筋が鍛えられる。顔は動かさないこと。

3 「左斜め上、右斜め下、右斜め上、左斜め下」の順で、眼球を動かす

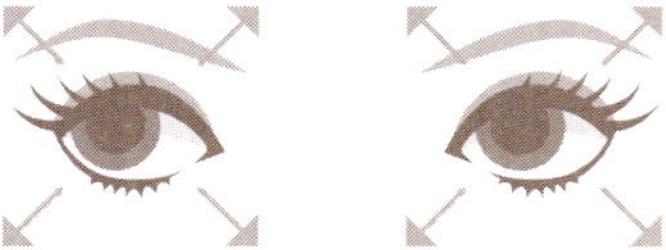

左右逆でもOK。眼球の上下斜めにある上斜筋と下斜筋が鍛えられる。

4 「左、上、右」「右、下、左」の順で、三角のラインを描くように眼球を動かす

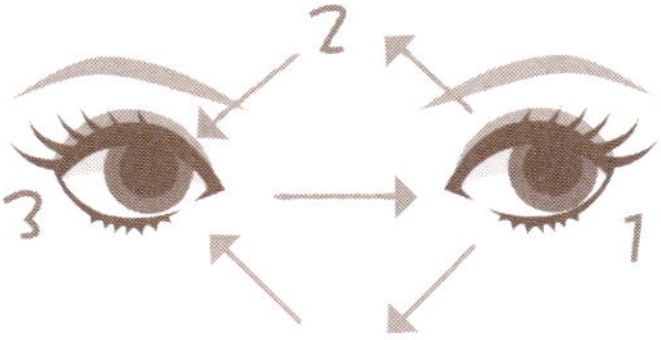

左右どちらから始めてもOK。眼球はぎりぎりできるところまで動かしてみましょう。

5 最後は、眼球をクルッと右まわり、左まわり360度回転させる

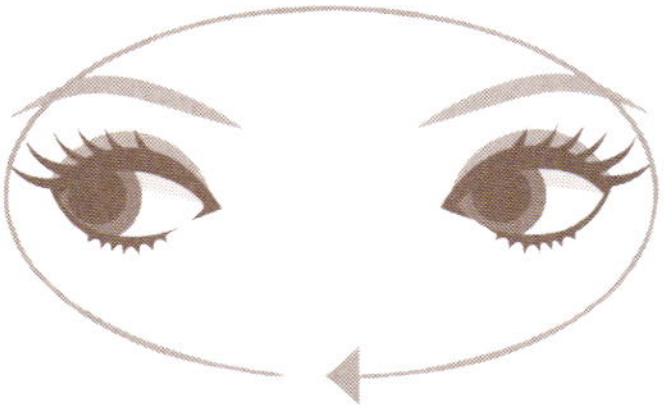

眼球はできるだけ外側へ、外側へ、ともっていくようにして。しっかり動かすほど涙の出方もスムーズに。

×3 1～5をスムーズに3回くり返して下さい

おわりに

この本を手に取っていただき、ありがとうございます。

誰にでもやがて老化は訪れます。体にも、そして顔にも――。

美を求め、エステに通い、高価な化粧品を揃えることも悪くはありませんが、もっと根本的なケアが必要ではないでしょうか？

私の顔の研究のきっかけは、お肌のトラブルに悩む人々が、物やヒトに頼らず、いかにすればキレイな肌を取り戻し、「顔が健康になるか」というところからでした。

しかし、最初の頃は教えを乞う専門家もいず、系統立てられた資料もほとんどなく、試行錯誤を繰り返しながらの研究でした。

当時はまだ「表情筋、咀嚼筋」という言葉さえ知る人は少なく「顔に筋肉なんてあるの？」「動かせば、かえってシワができるのでは？」「そんな研究などしていて大丈夫？」など言われ、何度挫折しかかったことかわかりません。

そんな中、顔を貸してくださる方々に恵まれ、豊富な臨床データも取れました。その結果、健康的な顔になり、老化を防ぎ、美しい素肌を手に入れ、表情が豊かになる、内側からのケアともいえる「フェイスニング」を日本で初めて開発でき、世に出すことができました。

でも、理不尽なことに模倣したものが多く出回るようになったのも事実です。しかし、「フェイスニング」は医学と科学に裏付けられた本物として、医学界をはじめ各方面から評価されるようになったことは、本当に研究冥利につきる思いです。

さらに、この本が皆様のお役にたてば、著者としてこんなにうれしいことはありません。

犬童　文子

〈本書は『小さい顔、しまった顔になるフェイスニング』（1997年／小社刊）を文庫化に際し、加筆・再編集しなおしたものです。〉

青春文庫

たった1分《ぷん》
美《び》肌《はだ》フェイスニング

シミ、たるみが消《き》える。ハリとツヤに大効果《だいこうか》！

2014年3月20日　第1刷

著　者　犬童文子《いぬどうふみこ》

発行者　小澤源太郎

責任編集　株式会社プライム涌光

発行所　株式会社青春出版社

〒162-0056　東京都新宿区若松町12-1

電話 03-3203-2850（編集部）

03-3207-1916（営業部）

振替番号　00190-7-98602

印刷／共同印刷

製本／フォーネット社

ISBN 978-4-413-09593-8

図解 損したくない人の「日本経済」入門

ライフ・リサーチ・プロジェクト[編]

"お金の流れ"を知ることが
損か得かの分かれ道になる!
ビジネスヒント満載!

(SE-576)

藤田寛之のゴルフ

僕が気をつけている100の基本

藤田寛之

技術、練習方法、メンタルまで、
「アラフォーの星」が、
ゴルファーの悩みに答えます!

(SE-577)

モヤモヤから自由になる! 3色カラコロジー

心の元気をシンプルにとり戻す

内藤由貴子

「赤・青・黄色」 あなたの心の信号《シグナル》は
いま、何色ですか? カラー+サイコロジーで
どんな悩みもスーッと解決します。

(SE-578)

進撃の巨人㊙解体全書

まだ誰も到達していない核心

巨人の謎調査ギルド

壁の謎、巨人の謎、人物の謎…
ここを押さえなきゃ真の面白さは
わからない!?

(SE-579)

これは絶品、やみつきになる！食品50社に聞いたイチオシ！の食べ方

定番商品からあの飲食店の人気メニューまで、担当者だからこそ知っているおいしい食べ方の数々！

㊙情報取材班［編］

（SE-580）

この一冊で「炭酸」パワーを使いきる！

こんな効果があったなんて！

前田眞治［監修］
ホームライフ取材班［編］

（SE-581）

雑談のネタ帳 大人の四字熟語

できる大人はこんな言い方・使い方を知っている！新旧四字熟語が満載！

野末陳平

（SE-582）

「頭がいい人」は脳をどう鍛えたか

いくつになっても頭の回転は速くなる！最新科学でわかった今日から使える仕事・勉強・日常生活のヒント。

保坂　隆［編］

（SE-583）

知らなきゃ損する！「NISA」㊃超入門

話題の少額投資非課税制度、そのポイントとは？　押さえておきたい情報だけをこの1冊に。

藤川　太［監修］

(SE-585)

この一冊で「伝える力」と「学ぶ力」が面白いほど身につく！

人の気持ちを「グッ」と引きつけるワザがぎっしり!!

知的生活追跡班［編］

(SE-586)

「その関係」はあなたが思うほど悪くない

人づきあいがラクになる「禅」の教え

「人」から離れるのは難しい。でも「悩み」から離れることはできる。

枡野俊明

(SE-587)

データの裏が見えてくる「分析力」超入門

こういう「モノの見方」があったなんて！仕事で差がつく！　世の中の仕組みがわかる！ビッグデータ時代の最強ツール！

おもしろ経済学会［編］

(SE-588)

間違いだらけの仕事の習慣

No.1コンサルタントが明かす
「なれる最高の自分」になる
最短の方法

小宮一慶

(SE-584)

脚が長くなる！ ウエストがくびれる！
1日2分「ひざ裏たたき」で下半身からヤセる！

たった1週間で太ももマイナス4.5センチ、
下腹マイナス9センチ、ふくらはぎマイナス1
センチ…骨格から変わる奇跡のエクササイズ

南　雅子

(SE-589)

「かど」と「すみ」の違いを言えますか？
日本人なのに意外と知らない日本語早わかり帳

素朴な日本語の疑問を豊富な
イラストで解説。ひと目でわかる！
日本語の「へぇ〜」がいっぱい！

日本語研究会［編］

(SE-590)

お客に言えない食べ物のカラクリ

まさか、そんな秘密があったなんて！
気になる真相に鋭く迫る
「食」の裏事典！

㊙情報取材班［編］

(SE-591)

図解 この「戦い」が世界史を変えた！

なるほど、そうだったのか！
歴史を塗り替えた
44の大激突、その全真相。

水村光男［監修］

(SE-592)

たった1分美肌フェイスニング

シミ、たるみが消える。ハリとツヤに大効果！

顔と肌が生まれ変わる
表情筋の秘密。
一生モノの自信をあなたへ。

犬童文子

(SE-593)